有书来仪

谢其章 著

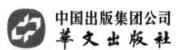
中国出版集团公司
华文出版社

图书在版编目（CIP）数据

有书来仪 / 谢其章著. -- 北京：华文出版社, 2022.8
ISBN 978-7-5075-5649-0

Ⅰ.①有… Ⅱ.①谢… Ⅲ.①藏书 - 文集 Ⅳ.①G253-53

中国版本图书馆CIP数据核字(2022)第110773号

有书来仪

著　　者：	谢其章
责任编辑：	胡慧华　寇　宁
出版发行：	华文出版社
地　　址：	北京市西城区广外大街305号8区2号楼
邮政编码：	100055
网　　址：	http://www.hwcbs.cn
电　　话：	总编室 010-58336239　责任编辑 010-58336197 发行部 010-58336267
经　　销：	新华书店
印　　刷：	北京博海升彩色印刷有限公司
制　　版：	北京禾风雅艺文化发展有限公司
开　　本：	787mm×1092mm　1/32
印　　张：	11.25
字　　数：	175千字
版　　次：	2022年8月第1版
印　　次：	2022年8月第1次印刷
标准书号：	ISBN 978-7-5075-5649-0
定　　价：	68.00元

版权所有，侵权必究

序

有书来仪

这次的书名"有书来仪"大家一看就知道是从成语"有凤来仪"那儿化来的,化得并不高明却只好如此。书与凤,天上人间,带来美好吉祥的祝福。于我而言,如果没有这些好书佳册相伴相助,别说写成一本书了,也许连一个字也写不出。

四十年来搜购旧书零刊堆满斗室,几无立锥之地,日常生活毫无品质可言,我却乐在其中。往高攀一下颜回,孔子云:"一箪食,一瓢饮,在陋巷,人不堪其忧,回也不改其乐。"一头一尾孔子夸奖颜回的"贤哉回也",没好意思往里抄,虽不能至,然心向往之。两位来过寒舍的朋友韦力和止庵,止庵说:"老谢你该换大点儿的房子了。"韦力不是说而是写出来的:"已经有三年以上没来过谢其章的府上,这次跟他约着要拍他的书房,他告诉我,前几天止庵来其家时,说他的书房小且乱,于是谢兄痛下决心把书窝整理了一遍。我今天来看时,果真跟以往大有改观。他说,'止庵嫌我的小厅太窄了,书桌摆得太紧密,但我觉得挺好,你看这两个桌子之间我可以撑双杠呢'。说着,他当场给我示范性地撑了两下,我感觉那桌子纹丝不动,确实够结实。我本想跟谢兄讲'人不堪其忧,回也不改其乐',转念一想讲这个大道理太无聊,于是没有张口。"(《上书房行走》)没有来过寒舍的李君维先生(1922—2015)却能一"言"封喉,称我手工作坊式边藏边写乃"惨淡经营"。

几天前广西卫视《遇见好书》栏目组来寒舍拍片(这次"遇见"的是拙著《文饭小品》),事先我给编导传过几张寒舍近照,称地方窄小实在拍不了片子,谁知编导称要的就是这种特色的书窝。当天早晨我把有碍观瞻的零零碎碎收拾了一下,三位人高马大的编导如约而来。可怜其中一位进了门之后就转不开身了,一直站在过道两小时。采访在饭桌旁进行,编导的问题之一,您为什么把《粉郑逸梅,粉〈永安〉》放在全书的第一篇?幸好我近年来对于篇目次序安排比以前懂了些,哇啦哇啦讲了一堆编目的规则和道理。我顺手把《有书来仪》篇目给编导看，讲为什么把《鲁迅的幽默》排在第一篇。我的前一本书《书窗风景》将《鲁迅的冷暖春节》放在第一篇的位置。个中原因有二：一、正好篇目里有鲁迅那就应该请鲁迅打头；二、这次《鲁迅的幽默》打头，另有隐情（此处不展开），只想问一句我们现在还需要鲁迅吧。

编目应该做大致的归类，于我而言，人物在前，随笔在后。本书人物部分十几位，有大家熟悉的鲁迅、张爱玲、叶灵凤、黄裳、沈昌文；有大家不甚熟悉的包天笑、简又文、唐大郎；还有大家也许是头一回听闻的丁力、李景慈、梁又铭；更有笔名"莲只"的汪应文（1908—1991）是在小文发表后网友考出原名告诉我的。关于李景慈这篇小文相当于《李景慈日记（1949年12月—1965年12月）》读后感（书评）。对于二十世纪四十年代于北平成名的作家李景慈，尽管我小心翼翼地避而不谈那段经历，只挑生活琐事柴米油盐来写，可是"写得不好，专写困难时期"的批评还是传到我耳朵了。我只好自嘲，日记里有不困难的时候吗？我饿了，不能装成刚吃完三大碗炸酱面打饱嗝吧。幸亏这种批评说了不算，听说李景慈女儿读了小文"泪流满面",小文真算没白写。"李景慈的日记更近乎流水账,口头语加大白话,字缝里人世间的况味。"越看我越觉得我写得不错,超水平发挥,完完全全的真情实感。我写的东西,当然可以批评指谬,但是这篇例外。

爬格子三十年,阅历渐多,本应气定神闲进入闭关阶段,近年来却滋生了一个坏脾气,不带点儿情绪不发点儿牢骚便写不出东西。有一弊则有一利,带着坏脾气往下蹚着写却越写越顺畅,写完了意平气顺,再将过头话删一删改一改然后交稿,接到稿子的编辑再删改一些残余的过头话,方能公之于众。

《藏书报》和《中国收藏》,二十年来不离不弃,乃我爬格子三十年来相知相伴始终如一的一报一刊。在纸媒日渐衰落的现今,它俩逆向而行,生机勃勃,我却力不从心,写不动了,用剩下的一点儿力气写下二十年来我们的"文字之交",字字句句均发自内心。

《上辈子藏书》和《两个父亲的买书》讲的是父亲和岳父与书的故事。两位老人均已离世,父亲去年九月病逝,享年九十九岁两个月整。明天我要去拿父亲留给我的一些书籍,其中一套中华书局版二十四史正考虑拿不拿回来,我的小屋实在无力再容纳几百册书了,那些书对于我而言只有纪念意义了。

有书来仪,是美好的感觉,是美好的生活,却是过去式了。

二〇二一年冬

目录

1. 鲁迅的幽默 /01
2. 给《永远的张爱玲》加一点注释 /08
3. 张爱玲:"似乎我从九岁起就开始向编辑先生进攻了" /22
4. 张爱玲研究中若干个积非成是 /40
5. 包天笑与杂志界 /47
6. 简又文和《逸经》杂志 /60
7. 叶灵凤《读书随笔》札记 /81
8. 《叶灵凤日记》读后 /87
9. 丁力(石增祚、荤斋)的朋友圈 /97
10. 李景慈鬻书易米 /114
11. 爱读梁又铭的抗战画 /122
12. 唐大郎诗文里的小掌故 /132

13. 八十年前武汉一位叫"莲只"的藏书家 / 152

14. 饭局上的沈昌文 / 164

15. 沈昌文，沈公的第二春 / 168

16. 由黄裳先生的笔名说起 / 172

17. "稿费优厚"的《文艺月刊》 / 177

18. 抗战时期文化文学期刊分布略图 / 181

19. 从"石堉壬藏书记"书票说起 / 188

20. 老《电影》杂志里的"五朵金花" / 196

21. 封面画里的古诗词 / 208

22.《中学生》杂志的新年赠品 / 221

23. 一九五〇年元旦的《大报》 / 227

24. 游走于"鸳蝴"和"通俗"之间的旧派文学 / 232

25. 鸳鸯蝴蝶派杂志经眼录 / 237

26. 留住那一抹侠义江山的魅影 / 256

27. 藏书文化的传承与拓展 258

28. 上辈子藏书 265

29. 两个父亲的买书 275

30. 无悔当年读书 / 281

31. 集攒《大风》杂志三十年 / 285

32. 我与《藏书报》的文字之交 / 291

33. 我与《中国收藏》的文字之交 / 298

34. 谁说我"喜旧厌新"？ / 303

35. 窑洞之花：地下四合院 / 309

36. 凭栏尽日愁无限 / 315

37. "写不进文章的事儿"——读《远书》 / 319

38. 《画见》之我见 / 327

39. 家在太平桥畔 / 332

40. 改变命运的考试 / 338

后记 / 345

鲁迅的幽默

二十世纪三十年代，林语堂创办了三个倡导幽默小品文风格的刊物：《论语》（1932 至 1949 年）、《人间世》（1934 至 1935 年）、《宇宙风》（1935 至 1947 年）。林语堂开幽默风气之先，却非议满城，尤其是鲁迅，说过不少批评的话，写过不少批评的文章。

在《从讽刺到幽默》里鲁迅一针见血地指出："我想：这便是去年以来，文字上流行了'幽默'的原因，但其中单是'为笑笑而笑笑'的自然也不少。然而这情形恐怕是过不长久的，'幽默'既非国产，中国人也不是长于'幽默'的人民，而现在又实在是难以幽默的时候。于是虽幽默也就免不了改变样子了，非倾于对社会的讽刺，即堕入传统的'说笑话'和'讨便宜'。"

查北京鲁迅博物馆1959年所编《鲁迅手迹和藏书目录》内"期刊部分",《论语》鲁迅收藏了34期(内有若干期重复),《人间世》是全份42期,《宇宙风》仅5期(内有1期出版于鲁迅逝世之后)。

这三种杂志,《论语》挨鲁迅批评最多,虽然鲁迅给《论语》写了六七篇稿子;《宇宙风》鲁迅似乎"不予理会";对于《人间世》,鲁迅的态度:"《人间世》我真不解何苦为此,大约未必能久,倘有被麻醉者,亦不足惜也。"(1934年5月10日致台静农)三种杂志,陶亢德均深度参与,通过鲁迅给陶亢德的十几通信,大致可以了解鲁迅以真幽默对付伪幽默的态度和技巧。

1933年10月23日鲁迅回复陶亢德的邀稿:"惠函谨悉。我并非全不赞成《论语》的态度,只是其中有一二位作者的作品,我看来有些无聊。……现在和《论语》关系尚不深,最好是不再漩进去,因为我其实不能幽默,动辄开罪于人,容易闹出麻烦,彼此都不便也。"

1934年5月18日鲁迅更明确地告诉陶亢德:"《论语》

虽先生所编,但究属盛家赘婿商品,故殊不愿与之太有瓜葛也。"

幽默常常被当作"开玩笑"的同义词,实则两者大有不同,幽默往往表现在文字上,开玩笑则常常表现在谈吐上。生活里有的人开得起玩笑,多数人是开不起的。张爱玲写过这路人:"世钧觉得他大可不必开这种玩笑,而且翠芝这人是一点幽默感也没有的,你去逗着她玩,她不要认真起来才好。"(《半生缘》)

鲁迅半幽默半玩笑地嘲讽过多次邵洵美:"最好是有富岳家、有阔太太,用陪嫁钱,作文学资本,笑骂随他笑骂,恶作我自印之。"(《登龙术拾遗》)"譬如吧,我们之中的一个穷青年,因为祖上的阴功(姑且让我这么说说罢),得了一所大宅子,且不问他是骗来的,抢来的,或合法继承的,或是做了女婿换来的。"(《拿来主义》)

邵洵美幽怨地说:"鲁迅先生似乎批评我的文章不好,但是始终没有说出不好在什么地方。假使我的文章不值得谈,那么,为什么总又谈着我的钱呢?鲁迅先生在文学刊物上不谈文章而谈人家的钱,是一种什么作用呢?"在鲁迅和邵洵美的笔墨官司里,幽默和开玩笑似乎均用错了地方。

用错地方的幽默有如鲁迅所言"动辄开罪于人,容易闹出麻烦"。1934年3月29日鲁迅回复陶亢德信里有这么两段:"以肖像示青年,却滋笑柄,乞免之,幸甚幸甚。""《论语》久未得见,但请先生勿促其见惠,因倘欲阅读,可自购致也。"看似很平常的话,却大可玩味。

第一段显示了鲁迅的先见之明,林语堂、陶亢德筹办《人间世》拟每期登作家像一幅,特向鲁迅请赐,鲁迅婉拒之。果然《人间世》第一期便闹出了"五十自寿诗"风波。第二段的意思很明确,"想读的话我自己会花钱去买"。

陶亢德仍旧给鲁迅寄送《论语》,那时的邮递速度真快,两天后,4月1日鲁迅致陶亢德再度表明态度:"《论语》顷收到一本,是三十八期,即读一过。倘蒙谅其直言,则我以为内容实非幽默,文多平平,甚者且堕入油滑。……然中国之所谓幽默,往往尚不脱《笑林广记》式,真是无可奈何。小品文前途虑亦未必坦荡,然亦只能姑试之耳。""照相仅有去年所摄者,倘为先生个人所需,而不用于刊物,当奉呈也。"

十几天之后,同样意思的话,鲁迅又幽了"幽默大师"林语堂一默:"弟向来厚于私而薄于公,前之不欲以照片奉呈,正因并'非私人请托',而有公诸读者之虑故。近来思想倒退,闻'作家'之名,颇觉头痛。又久不弄笔,实亦不符;而且示众以后,识者骤增,于逛马路,进饭馆之类,殊多不便。"(1934年4月15日致林语堂)

鲁迅不愿意将照片公开在刊物上,也不愿意在家里会客。1933年11月13日鲁迅致陶亢德信里称:"我在寓里不见客,此非他,因既见一客,后来势必至于非广见众客不可,将没有工夫偷懒也。"

黄萍荪所撰《雪夜访鲁迅翁记》乃向壁虚构之作,但是黄萍荪也说出了刊物编者的初衷:"作为一个杂志的编辑,约稿乃其天职,特别是名家的。在这一方面,我有一股牛皮筋似的韧性,一而再,再而三(犹忆少年时谈恋爱还无此劲头),大有不达目的,誓不罢休之概;故先生曰

'三蒙惠书,敬悉种种'。"(见1936年2月10日鲁迅致黄萍荪函)

陶亢德也具有牛皮筋似的韧性,尽管鲁迅看他不起,"看近来的《论语》之类,语堂在牛角尖里,虽愤愤不平,却更钻得有滋有味,以我的微力,是拉他不出来的。至于陶徐,那是林门的颜曾,不及夫子远甚远甚,但也更无法可想了"(1934年8月13日致曹聚仁)。"陶徐"即陶亢德、徐訏。

鲁迅是韧性的战斗,陶亢德是韧性的约稿,这相持的局面,倒使我想起另一位编辑苏伟贞的韧性:"哪一天邀到张爱玲的稿子,哪一天走人!"

《人间世》杂志设《作家访问记》栏目,想着是采访鲁迅,以鲁迅书斋为背景拍张照片,并与许广平、海婴来张全家福。这次攻坚战,林语堂派遣"陶徐"两员大将同时给鲁迅写信,"以求一逞"。鲁迅的回复真是妙极了:"作家之名颇美,昔不自量,曾以为不妨滥竽其列,近来稍稍醒悟,已羞言之。况脑里并无思想,寓中亦无书斋;'夫人及公子'，更与文坛无涉，雅命三种，皆不敢承。倘先生他日另作'伪作家小传'时，当罗列图书，摆起架子，扫门欢迎也。"（1934年5月25日致陶亢德。信后附言"徐訏先生均此不另"。）

鲁迅真是幽默高手，四两拨千斤，陶徐无功而返。徐訏更惨，"均此不另"，连鲁迅的墨宝也没得着一字。

鲁迅虽然不赞成《论语》和《人间世》的文风，但是帮忙给《论语》《人间世》介绍稿子还是非常热心的。1933年12月28日鲁迅给陶亢德写信："附上稿子两种，是一个青年托我卖钱的，横览九洲，觉得于《论语》或尚可用，故不揣冒昧，寄上一试。犯忌之处，改亦不妨。"1934年4月16日，鲁迅给陶亢德写信："有一个相识者持一卷文稿来，要我寻一发表之地，我觉得《人间世》或者相宜，顷已托书店直接寄去。究竟可用与否，自然是说不定的。"《人间世》倒是很给鲁迅面子，此"一卷文稿"于《人间世》连载了六期。提携青年作家，乃鲁迅一贯之主张。

二〇二〇年二月六日

给《永远的张爱玲》加一点注释

张爱玲1995年9月8日去世，上海学林出版社1996年1月即出版了《永远的张爱玲：弟弟、丈夫、亲友笔下的传奇》，先声夺人，印量21000册。在传统纸媒时代，第一快速的是报纸，第二是杂志，第三才是图书，所以说《永远的张爱玲》出版速度够得上一百二十迈。纸媒再快还是打不过声媒，1963年12月22日12点30分，美国总统约翰·肯尼迪遇刺，几个记者抢电话，第一条发出的消息是："总统车队遭到枪击！"其他的再详细再准确的报道只能瞠乎其后。

这书由季季和肖关鸿合编，收录了三十几位作者的新旧文章，新文章似乎只有龚之方《离沪之前》，编者称"龚之方先生抱病赶到上海，与老友桑弧先生共同回忆往事，为本书赶写了这篇文章"。这书的副题可以不要或者简省

写作《给〈永远的张爱玲〉加一点注释》时所用参考书,完稿后将这些书放回原处,然后进行下一篇作文另找相关的图书,这是我多年来写稿养成的习惯

为"亲友笔下的传奇","弟弟"和"丈夫"可以包括进去呀。称呼胡兰成为张爱玲的丈夫,如同称呼朱安为鲁迅的妻子,事实不错,感觉怪讶。

抢了先手的《永远的张爱玲》,在材料上难免输给了晚几年出版的《张爱玲评说六十年》(子通、亦清主编,2001年8月中国华侨出版社,印数7000册),如林幸谦的《海葬、遗嘱与隐喻》(文中有照片"张爱玲骨灰被友人撒入大海")。先手,更多是好处,那些情怀套话,肤浅感叹的文字来不及蜂拥而至,甚嚣尘上的所谓"南玲北梅"既错过了头班车,也错过了末班车,只剩下梅娘自嗨了。

如今,张爱玲百年诞辰,重新审视《永远的张爱玲》,笔者认为有必要亦有趣味,因为二十几年来,某些错讹仍在沿袭,某些似是而非仍无了结。本文只对关于张爱玲资料方面失实的段落作出判断,至于文学评论的文章则一概略过。

一

《永远的张爱玲》将张爱玲弟弟张子静的《我的姐姐》

放在卷首,此文占71页,全书六分之一篇幅。张子静写道:"一九八九年终于和姐姐再联络上后,我就决定要为姐姐写点东西。""姐姐和我都无子女,她安详辞世后,我更觉应该及早把我知道的事情写出来。""撰写本书的过程中,在资料查证方面,得到前辈龚之方先生及我的表哥黄德贻,表妹黄家瑞等亲友的协助。"也就是说这七十几页的文字写于张爱玲去世之前,而"本书"即后来畅销一时的"张学"入门之作《我的姊姊张爱玲》的母本。第71页末尾有个括弧——(本文由张子静提供基本资料,季季整理撰写)。季季(李瑞月)是作家,曾在中国台湾任报纸的副刊编辑,更是一位张爱玲研究者。她与张子静的合作,使得《我的姊姊张爱玲》增添了文学色彩,达到了一本书应有的厚度。由此便有了文汇出版社2003年9月新版《我的姊姊张爱玲》,署名"张子静 季季著"。(1997年1月学林出版社《我的姊姊张爱玲》封面和版权页均只署张子静一人,勒口简介却有季季。)新版比之旧版的好处显而易见,多了季季的《寻访张子静,再见张爱玲》,将两个人的合作过程交代得一清二楚。

《我的姐姐》相比于《我的姊姊张爱玲》,在史实上出的错要少得多，后者正应了那句老话"言多语失"。还有一个原因，前者多为张子静的自述，而后者由于季季的原因"当时的感觉是骨架明晰，血肉则有欠丰腴。此后数天，我不断提出问题，他（张子静）也不厌其烦地以文字详细作覆。我回到台北之后，这个问答的工作仍通过传真继续进行"。子静先生的记忆，一经提问就丰富鲜活起来。"我先后拟了近一百个问题给他。"

正是季季追求的"丰腴""丰富鲜活"，断送了某些史料的真实性。如"对于姊姊的成名，我父亲的心理是矛盾的。记得我把《紫罗兰》创刊号拿回家，告诉他姊姊发表了一篇小说，他只'唔——'一声，接过书去"。事实是，张爱玲的《沉香屑》发表于《紫罗兰》第二期，由于张子静的记错，后面的张爱玲研究者沿袭了这个错记。如"胡兰成当时官拜汪伪维新政府宣传部政务次长"。事实是，两年前胡兰成已被撤职，因此才有了胡兰成的话"前时我在南京无事，书报杂志亦不大看。这一天却有个冯和仪寄了《天地》月刊来"。在我们的语境里，一日做汉奸，终身就是汉奸。但是事实就是事实。季季的追问亦不无所得，"又如海外一直传说解放后张爱玲曾去苏北参加土改，他（张子静）的答复是：'我确实不知道，她也从未向我提起这件事。'"后面本文还要谈到苏北土改是谁最先讲的张爱玲参加了。

二

71页之后，是胡兰成的《民国女子》《她是个人主义者》，前一题目是胡兰成《今生今世》书里的题目，后一个原题为《评张爱玲》，不知道编者出于什么原因乱改。

胡兰成两文之后是一组珍贵的研究张爱玲史料，全组七篇文章照搬于1945年上海《语林》杂志。《永远的张爱玲》编者手又犯痒，将张爱玲中学老师汪宏声的《记张爱玲》改为《中学时代轶事》。这么乱改的后果是《语林》编者钱公侠的《关于〈记张爱玲〉》接不上茬了呀！——"本刊前期所载汪宏声先生之《记张爱玲》一文，其中提到'一千元灰钿'的话，作者无心，编者失察，致张女士不能不来稿声明，以免读者误会。然此事既与秋翁先生有关，编者乃不能不事前向翁说明，请略书数语，与张文同时发表，以避免片面攻讦之嫌。"张爱玲与《万象》杂志老板秋翁(平襟亚)因为一千元稿费而闹翻,双方撕破了脸皮。本来事件已然平息,钱公侠却出来搞事情,弄得风波再起,已然撕破的脸皮再撕破一层似亦无妨。

接下来的文章是魏绍昌的《在上海的最后几年》。魏绍昌自称是见过张爱玲的,"一九四六年七月,桑弧约我去石门一路旭东里他的家里宴会,同座的有柯灵、'张爱玲'、炎樱、胡梯维、金素雯、管敏莉、唐大郎、龚之方等。这一天是我初次见到张爱玲,她沉默寡言,还带着女性的矜持,大约她是'敏于思而讷于言'的吧,这是她给我的第一印象"。张爱玲热了以后,趋之若鹜蹭热度的人海了去了,最典型者莫过于自编自导自演"南玲北梅"的梅娘。但是我相信魏绍昌是真见过张爱玲的,旁证一堆人呢。但是魏绍昌接下来说的两件事情,一个是夏衍对张爱玲的诸多关照,一个是张爱玲去苏北参加土改两个多月,均未注明材料来源,尤其是苏北土改一事,如今仍没有铁的证据,太不正常了,严重说明张学研究水平之低下。

《永远的张爱玲》的压卷之作应属龚之方的《离沪之前》,按编者的话来说是"特约稿"。甚为可惜的是,龚之方提供的第一手资料里掺杂了赝品和言过其实的话。龚文前三个小标题（且不管是不是编者乱加的）《周瘦鹃是引路人》《登门求见柯灵》《窜出个胡兰成来》即很有问题。"引路人"一词不准确呀，张爱玲于英文刊物《二十世纪》发表作品要早于《紫罗兰》，要说引路人也得是梅奈特呀。再者，周瘦鹃只不过赏识张爱玲的才华罢了，真要是引路的话，张爱玲也不会仅仅于《紫罗兰》连载完《沉香屑》便拜拜了。"登门求见柯灵"和"引路人"犯的是一类错，龚之方被柯灵的《遥寄张爱玲》带沟里了，柯灵在《万象》只是个编辑，老板是平襟亚，事实是张爱玲求见的老板平襟亚，好么。《窜出个胡兰成来》第一句便与事实不符，"一九四四年初春，胡兰成当上了汪伪政府的宣传部部长，叫他是汉奸，不冤枉他吧"。错在哪里，请看前面张子静的话。至于龚文中这句"偷偷地在编辑室的门缝里塞了进去"真是抄都抄不对，胡兰成追张爱玲往门缝里塞纸条，真有此事的话，也是往张爱玲家门缝塞呀，与苏青《天地》杂志门缝何干？

龚之方文章后面几个小题目《张爱玲与文华影片公司》《张爱玲得到夏衍的赏识》《张爱玲自编〈传奇增订本〉》

《与张爱玲的交往》《小报戏言，冤了桑弧》《张爱玲从上海带走些什么》，真材实料多，因为这些是龚之方自己的亲历亲闻。稍有不足的是龚之方处处以柯灵的回忆为准绳，如"一九四八年全国胜利在望之时，夏衍缠着八路军的袖章回到上海，他非常关心上海文艺界的现状，柯灵此时特向夏衍介绍读几篇张爱玲所写的小说。他读了之后，对张爱玲的才华作了肯定，认为人才难得"。且不说"八路军的袖章"可能不可能可笑不可笑（这种话严重降低龚文的可信度），而据陈子善文章《张爱玲与上海第一届文代会》称"我认识张爱玲和读她的作品，是唐大郎介绍的。唐大郎也是一个有名的'江南才子'，所以，也可以说，欣赏张爱玲的作品和希望她能在大陆留下来，一是爱才，二是由于恩来同志一直教导我们'要团结一切可以团结的人'这一方针"（夏衍《文艺漫谈》），到底是唐大郎还是柯灵向夏衍推举的张爱玲？若站边的话，站夏衍这边是明智之选吧。

柯灵的《遥寄张爱玲》，洵为"张学"之名篇，情辞并茂，感人至深。几乎各种纪念张爱玲和研究张爱玲的图书都要收进柯灵的这篇名作，层出不穷的张爱玲传记都要从《遥寄张爱玲》那里汲取语录和材料。柯灵这几个观点,"我扳着指头算来算去,偌大的文坛,哪个阶段都安放不下一个张爱玲,上海沦陷,才给了她机会","张爱玲的文学生涯,辉煌鼎盛的时期只有两年(一九四三——一九四五),是命中注定,千载一时,'过了这村,没有那店'。幸与不幸,难说得很","全国解放,在张爱玲看来,无疑是灾难",显然和柯灵自己说的,"我恳切陈词,以她的才华,不愁不见之于世,希望她静待时机,不要急于求成","他(郑振铎)要我劝张爱玲,不要到处发表作品,并具体建议,她写了文章,可以交给开明书店保存,由开明付给稿费,等河清海晏再印行"大大地抵牾呀,如果张爱玲听从了郑柯们的馊主意,哪里会有今天光耀文坛的张爱玲呀。

三

《永远的张爱玲》大部分作者是海外及港台地区的作家学者,他们笔下的张爱玲呈现了另一个视角,展示的是离开上海之后的张爱玲及晚年的张爱玲。其中最为知名的是夏志清和宋淇。余光中称赞夏志清的功绩"在夏志清之前，上海文坛也有三五慧眼识张（张爱玲）于流俗之间，但是没有人像夏志清那样在正式的学术论著之中把她'经典化'。夏志清不但写了一部《中国现代小说史》，也只手改写了中国的新文学史"。余光中说得正确极了。但是在张爱玲这座山峰面前，他还是露出了浅陋的一面，"因为张爱玲的杰作早在年轻时就已完成，就连后来的《秧歌》，也出版于三十四岁，她在有生之年已经将自己的上海经验从容写出。时间，对她的后半生并不那么重要，而她的美国经验，正如对不少旅美的华人作家一样，对她也没有多大意义。反之，沈从文不到五十岁就因为政治压力而封笔，徐志摩、梁遇春、陆蠡更因为夭亡而未竟全功，才真是令人遗憾"。余光中是我喜欢的诗人，尤喜"一步就迈进了大内""储秀宫的一声咳嗽"等句。还喜欢他的钢笔字，手迹难得，只有一本他的签名书。

夏志清悼念张爱玲文章《超人才华，绝世凄凉——悼张爱玲》，写于张爱玲去世后的几天，情辞并茂，感人至深。夏志清虽然高明，依然不免流露庸常之见，什么"她创作的灵感显然逗留在她早期的上海时代"，什么"同时不得不承认近三十年来她创作力之衰退"，"但就整个成就而言，当然张爱玲还远比不上詹姆斯"。想问：鲁迅的创作力是前进了还是衰退了？与张爱玲齐名的苏青的后三十年不是创作力衰退的问题而是生存的问题吧？《小团圆》《红楼梦魇》和《对照记》等等不用创作力和灵感能写出来么，干吗非得像王朔似的要求作家必须一部长篇接着一部长篇小说？这里还想与夏教授商榷商榷"凄凉"用在张爱玲身上合适么，张爱玲自己选择的活法和死法，有什么凄凉可言？张爱玲从来不兴那些廉价的同情（就算是对自己的亲弟弟）。以张爱玲的脾性，她绝不会领受你们的怜悯之情。用《列宁在1918》里的话来说："高尔基同志，丢掉你的怜悯吧！"千万别用世俗的观念来看待张爱玲的所作所为，更千万别学梅娘，"给你（张爱玲）介绍一位风流倜傥的男士"（《"北梅"说给"南玲"的话》）。

张爱玲的遗产委托给了宋淇，宋淇是张爱玲离开中国之后最重要的朋友，一直到张爱玲死。张爱玲与宋淇、邝文美夫妇的友谊，感人至深。宋淇写道："一九五五年秋，爱玲搭乘'克利夫兰总统号'邮轮离港赴美，到码头送行的只有文美和我。船到日本，她寄出一封六页长信，其中有些话：'别后我一路哭回房中，和上次离开香港的快乐刚巧相反,现在写到这里也还是眼泪汪汪起来。'"

唐文标则是热爱张爱玲的另一类极端人物。可以说,唐文标只手掀起"张爱玲热"的第二拨浪潮(第一拨是上海沦陷时期),从此"张爱玲热"就没有歇凉过。唐文标发了疯似的搜集张爱玲旧作逸文,不管不顾张爱玲的感受,唐文标令张爱玲头疼死了。唐文标是为"张学"殉职的第一人。我很喜欢唐文标的文笔,明明是学术文章,却写得引人入胜。他的死,实为"张学"的一种损失。

最后来说说《永远的张爱玲》的编者季季。没有季季,便不会有那么多的域外好文章加入本书。季季阻止了戴文采《我的邻居张爱玲》发表在她任职的报纸,曾得到张爱玲的感谢,"感谢所有的一切"。季季文章《我与张爱玲的垃圾》缘由戴文采的文章,季季称:"D小姐的万字稿,简单地说,就是要向万千'张迷'报告张爱玲垃圾的内容——有谁见过张爱玲的垃圾?"如今季季编此书却将戴文采翻检张爱玲垃圾的万字稿收了进来。戴文采振振有词:"只有张爱玲,才值得我这样做的!"好一副唐文标口吻。戴文采的极端做法逼得张爱玲魂飞胆破,季季指责戴文采:

"你知道张爱玲被你吓得马上搬走了吗?你知道张爱玲前几年常常搬家,把《海上花》的英译稿弄丢了吗?"

很庆幸自己三十几年前即开始搜求首发张爱玲作品的刊物,一九四九之前的首发刊几乎一网打尽。如今这些记载着张爱玲文字的精灵,默不作声地支撑着我,写了上面的几千个字。不光是因为张爱玲一百年诞辰,九十九年或一百零一年,我也这么写,也只会这么写。

二〇二〇年七月八日

张爱玲:"似乎我从九岁起就开始向编辑先生进攻了"

九岁,相当于现在的小学二三年级,张爱玲便迈出了卖稿生涯第一步:"记者先生我今年九岁因为英文不够所以还没有进学堂现在先在家里补英文明年大约可以考四年级了前天我看见附刊编辑室的启事我想起我在杭州的日记来所以寄给你看看不知你可嫌太长了不我常常喜欢画画子可是不像你们报上那天登的孙中山的儿子那一流的画子是娃娃古装的人喜欢填颜色你如果要我就寄给你看看祝你快乐。"这封信题为《第一封投稿信》刊在1944年12月初版《流言》第123页,作为《存稿》的配图。

原信没有标点,我就不必多此一举了,想来读者能够读懂一个九岁孩子的意思。我是对着原书原图抄录下来的,因此看见《张爱玲年谱》(天津人民出版社2014年1月出版)对于这封信的释文及所加标点,如"画画子"认成

"书：子",不禁骇笑。据我所见,引用这封投稿信的张爱玲研究者没有一位不漏抄或不抄错。我们的张学家们长于夸夸其谈的议论,于史料和史实方面简直一塌糊涂。

张爱玲是自由撰稿人里最出色最成功最纯粹的一位,她靠稿费养活了自己(同时滋润了无数读者),据说她去世后的遗产里包括三十几万美金。张爱玲的稿费生涯分几个阶段,本文想说的是第一阶段,大致是从1940年到1952年,重点落在张爱玲给杂志投稿的路径,也就是说张爱玲与杂志编辑的关系,是投稿还是约稿,双方相处得如何等等无关宏旨的小事。

张爱玲说:"苦虽苦一点,我喜欢我的职业。'学成文武艺,卖与帝王家';从前的文人是靠着统治阶级吃饭的,现在情况略有不同,我很高兴我的衣食父母不是'帝王家'而是买杂志的大众。不是拍大众的马屁的话——大众实在是最可爱的顾主,不那么反复无常,'天威莫测';不搭架子,真心待人,为了你的一点好处会记得你到五年十年之久。而且大众是抽象的。如果必须要一个主人的话,当然情愿要一个抽象的。"(《童言无忌》)

张爱玲多才多艺，自己的文章自己画插图

余斌对张爱玲卖文生涯第一阶段点评了八个字,"文坛登龙,杂志为径"(1993年12月海南出版社《张爱玲传》第81页)。二十世纪九十年代初,我搜集刊载有张爱玲作品的旧杂志正起劲,这八个字如雷贯耳,铭记于心。如今,第一阶段的杂志我只缺《二十世纪》(以余斌《张爱玲传》所列为基础,增加《太平洋周报》《太平》《语林》《新东方》等。(近年发现的初载张爱玲《谈画》的《淮海月刊》不算在内。)

下面简单地叙述一下张爱玲与这些杂志编辑先生的交往情况。这些杂志寒斋均有收存:《西风》《二十世纪》《紫罗兰》《万象》《杂志》《古今》《天地》《小天地》《太平洋周报》《太平》《飙》《语林》《苦竹》《新东方》《春秋》《大家》。

《西风》 1940年8月《西风》第48期刊出张爱玲的《天才梦》,列为《西风》三周年纪念"我的……"征文名誉奖第三名。36年之后,1976年,张爱玲对《西风》编辑先生大表不快之意:"我的《天才梦》获《西风》杂志征文第十三名名誉奖。征文限定字数,所以这篇文字极力压缩,刚在这数目内,但是第一名长好几倍。并不是我几十年后还在斤斤计较，不过因为影响这篇东西的内容与可信度，不得不提一声。"54年之后，1994年，张爱玲再度对《西风》编辑大表怨恨之意："我写了这篇短文《我的天才梦》，寄到已经是孤岛的上海。没稿纸，用普通信笺，只好点数字数，受五百字的限制，改了又改，一遍遍数得头昏脑胀，务必要删成四百九十多个字，少了也不甘心。""《西风》从来没有片纸只字向我解释。我不过是个大学一年生。征文结集就用我的题目《天才梦》。五十多年后，有关人物大概只有我还在，由得我一个人自说自话，片面之词即使可信，也嫌小气，这些年了还记恨？当然事过境迁早已淡忘了，不过十几岁的人感情最剧烈，得奖这件事成了一种神经死了的蛀牙，所以现在得奖也一点感觉都没有。隔了半世纪还剥夺我应有的喜悦，难免怨愤。"

《西风》编辑是黄嘉德（1908—1993）、黄嘉音（1913—1961）兄弟。张爱玲初出茅庐，锐气可嘉，可是数学和记性却不大好。明明《西风》征文字数要求是"五千字以内"，您却少看了个零；明明《天才梦》的字数是一千四百多字，您却说成了"四百九十多个"。果若当真，"生命是一袭华美的袍，爬满了蚤子"。落在文外，这锅黄氏兄弟可不堪重负。

接着上面"一塌糊涂"来捋，我很纳闷，怎么没有哪怕一位张学家来帮助张爱玲数数《天才梦》的实际字数呢？幸亏鄙人抢在一百年诞辰之际，一字一字地数了数《天才梦》的字数，证明张爱玲性格中"也嫌小气"的一面。

《二十世纪》 按照余斌《张爱玲传》所述，"她（张爱玲）最初卖的是洋文。头一个对她大加赏识，为她戴上'天才'冠冕的，是一位洋人"。"一九四一年十月，上海出现了一份英文月刊，刊名《二十世纪》（The Twentieth Century）。主编克劳斯·梅奈特（Klaus Mehnert）是德国人，当过驻苏联记者，在美国的大学里教过历史，太平洋战争爆发前夕来到上海"。"一九四二年年底，梅奈特从来稿中发现了一个陌生的名字 Eileen Chang，她送来的是一篇万字长文，题为 Chinese Life and Fashions（中国人的生活和时装），并配有十二幅作者本人所绘的发型、服饰插图。……梅奈特一见之下大为惊喜，很快将其刊在一九四三年一月出版的《二十世纪》四卷一期上，并在编者例言中向读者郑重推荐，誉作者为'极有前途的青年天才'。这个天才就是张爱玲,而此文就是后来收入《流言》的《更衣记》的底本。"

张爱玲于《二十世纪》发表的若干篇英文作品,由她自己操刀译成中文,分别发表于《古今》(《更衣记》《洋人看京戏及其他》)、《天地》(《中国人的宗教》)、《太平洋周报》(《银宫就学记》)和《太平》(《借银灯》)。是不是可以这么说,张爱玲与梅奈特编辑相安无事,由此而英译中转发给那四个刊物的编辑也相安无事。

《天地》与张爱玲友爱自不必多说(连稿费都是优厚于别的杂志),另外三个刊物均疑似敷衍。我的额外收获是搞明白了《太平洋周报》和《太平》没来由地刊一篇张爱玲的影评的路径。余斌不知道《太平洋周报》和《太平》的存在,因此以为张爱玲径直将两文收入《流言》单行本里。张爱玲不会浪费才华也不会浪费利益最大化的机会。

《紫罗兰》 用今天的话来说,周瘦鹃的《紫罗兰》能够梅开二度,是周瘦鹃拉来了赞助商,实际情形是赞助商主动找上门来请周瘦鹃再度出山。这几位财大气粗

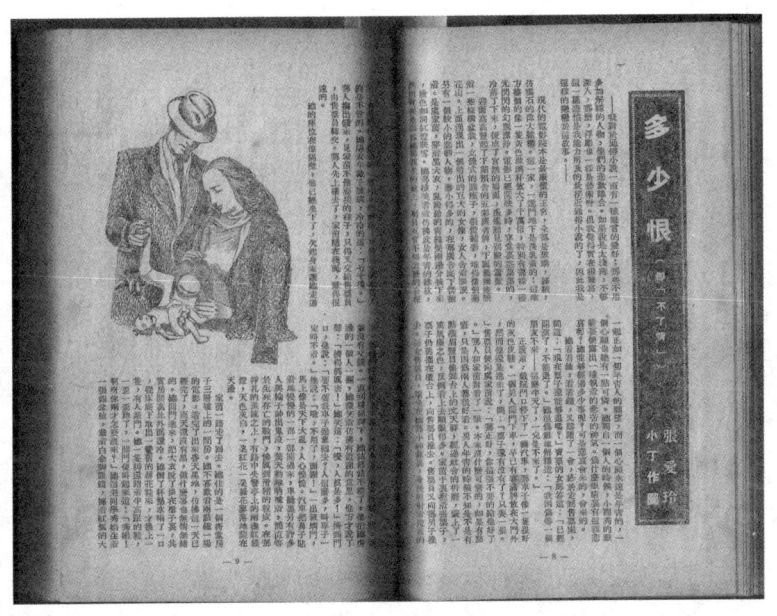

一九四五年八月之后张爱玲写作还是照常写作,但是不再自绘插图,《多少恨》即由丁聪代劳,这个小掌故丁聪从未说起过

的赞助商原是一期《紫罗兰》（1926年）的铁杆读者，钱多了想回报于文化事业。赞助商的任性，无意之中成就了张爱玲的横空出世。

具体的情形我试着还原一下。1943年4月二期《紫罗兰》创刊号面世之后，张爱玲买了并读了之后，感觉自己的稿子《沉香屑》投其所好地投给《紫罗兰》再合适不过了。于是乎张爱玲持"黄园主人岳渊老人"绍介函及稿子去拜访周瘦鹃（有材料说黄岳渊与张爱玲母亲黄逸梵是远亲）。

张爱玲很会跟周瘦鹃套近乎，"当下我就请她把这稿本留在我这里，容细细拜读，随又和她谈起《紫罗兰》复活的事，她听了很兴奋，据说她的母亲和她的姑母都是我十多年前《半月》、《紫罗兰》和《紫兰花片》的读者，她母亲正留学法国学画归来，读了我的哀情小说，落过不少眼泪"。张爱玲这个小招数，使我想起自己对付岳父岳母的小招数，聊他们最爱听的"光荣史"，怎么打"小日本"，怎么进的北京，开国大典站在哪儿云云。

张爱玲的《沉香屑》于《紫罗兰》第二期连载至第六期，

未等连载完毕，张爱玲就调转方向进攻《万象》和《杂志》去了。那年代不兴"签约作家"，来去自由。很快，长张爱玲25岁的周瘦鹃也许会庆幸，长张爱玲28岁的《万象》老板平襟亚领教过的对怼没有发生在自己身上。

《万象》《万象》杂志的影响力远远超过《紫罗兰》，急于成名的张爱玲投奔《万象》自有她的全盘规划。现在的学者和读者多被柯灵的《遥寄张爱玲》所误导，偏信了柯灵所言"荣幸地接见了这位初露锋芒的女作家"的话。事实上张爱玲先找的是《万象》老板平襟亚（秋翁），"记得一年前吧，那时候我还不认识这位女作家，有一天下午，她独自捧了一束原稿到'万象书屋'来看我，意思间要我把她的作品推荐给编者柯灵先生，当然我没有使她失望"。（秋翁《记某女作家的一千元灰钿》，载《海报》1944年8月18、19日。）

柯灵的《遥寄张爱玲》写作于1984年，此时平襟亚（1892—1978）（另有一说1894—1980）已去世——就算没去世，也拦不住柯灵"贪天功为己有"。柯灵的谎言（我坚决不接受什么"记忆之误"）不止一处，"当年夏季，我受聘接编商业性杂志,正在寻求作家的支持,偶尔翻阅《紫罗兰》杂志,奇迹似的发现了《沉香屑——第一炉香》,张爱玲是谁呢?我怎么能够找到她,请她写稿呢?紫罗兰盦主人周瘦鹃,我是认识的,我踌躇再四,总感到不便请他作青鸟使。正在无计可施,张爱玲却出乎意外地出现了"。柯灵既然看到了《沉香屑》又认识周瘦鹃,难道会漏掉周瘦鹃《写在紫罗兰前面的话》吗?显然不能自圆其说吧。自己明明是个编辑,几十年之后偏偏要冒充老板派头。那么请问为什么是平襟亚为了"一千元灰钿"和张爱玲翻了脸,而不是您?

善良的读者,你们在欣赏文情并茂的《遥寄张爱玲》时,务请多留一个心眼,而张学家们缺心眼,鄙人并无义务一一指出。

捎带手说一句,鉴于张爱玲在《西风》征文字数限制与《天才梦》实际字数双向的糟糕透顶的记性,在"一千元灰钿"事件上,我严重倾向并同情平襟亚。真可谓"前有张爱玲,后有柯灵"。害你最深的就是你最好的朋友,秋翁其冤乎哉!

《杂志》 按照作品的发表时间,张爱玲在《沉香屑》还在连载之时,即搞定了下家,第一个下家是《杂志》而非《万象》,前者领先了一个月。《杂志》自 1943 年 7 月 10 日(《茉莉香片》)至 1945 年 6 月(《创世纪》)两年里只有两期没有刊出张爱玲作品。如果算上张爱玲画画的扉页,算上专为张爱玲作品召开的座谈会,算上杂志社为张爱玲出版的处女作《传奇》单行本,《杂志》无一期缺失张爱玲的名字,相亲相爱到地老天荒。反观《万象》,老板平襟亚您至于么,为了区区一千元稿费气走张爱玲,太失算了,等于是将张爱玲拱手便宜了《杂志》。编辑柯灵呢,又想拉拢张爱玲为《万象》增光,又做不了主,又嫌《杂志》"背景不干不净"。更是出了一个馊主意:"我恳切陈词,以她的才华,不愁不见之于世,希望她静待时机,不要急于求成。"说这番话的柯灵还拿郑振铎"河清海晏"来背书。我真怀疑当时忙于抢救古籍善本的郑振铎有闲工夫留意张爱玲么。

《古今》 前面我写到了张爱玲将自己的两篇英文作品译成中文(不是简单地译,对原文有大的修改)交给了《古今》。周黎庵回忆里提到的是柳存仁介绍张爱玲文章给他的。周黎庵曾在《古今两年》里写道:"金雄白先生有一次对我说,上海的杂志有三个型,一是古今型,二是杂志型,三是万象型,其他的杂志都可以归纳到这三种型中去。"张爱玲于这三类型的刊物均有作品发表,均能够和平共处,唯独与《万象》翻了脸。

《天地》《天地》的主编是苏青,张爱玲与苏青的关系用上海话来讲"交关好(邪气好)"。《天地》总出21期,有张爱玲作品的有15期。"爱张爱玲而丢了性命"的唐文标称:"乱世文物散失,一份《天地》,在世界各大图书馆已罕见全卷。"而寒斋却存有两份,上哪儿说理去。

《小天地》 周班公主编《小天地》,刊有张爱玲《散戏》《炎樱语录》《气短情长及其他》三篇,周班公于"《传奇》集评茶会"上说,"我最先看到张女士的文章是在上海出版的英文杂志《二十世纪》上","《琉璃瓦》的原稿,我是看见过的,可是,我'奉命'退还了"。周班公(1917—1998),陈子善称:"本拟拜访请益,却因路远事忙,拖了一段时间,待到真想成行,才知他已故去,不禁暗自后悔不迭。"

《太平洋周报》 我曾于报国寺书摊一次购得五十几期《太平洋周报》,只翻出一篇张爱玲的《银宫就学记》来,当时颇觉失望,怎么就一篇?现在才知道原委。金雄白说的"三型杂志"是概括之语,《太平洋周报》与《文友》《女声》应该算第四型吧。

《太平》《太平》的编辑与发行归"太平书局",而太平书局由柳雨生(柳存仁)主掌。柳雨生主编《风雨谈》没有刊登过张爱玲作品,我一直纳闷。《借银灯》经谁手给了《太平》,路径不详,只能猜测柳雨生的可能性比较大。

《飙》 张爱玲的弟弟张子静和同学办的小刊物。据张子静的回忆,他们向张爱玲约稿,张爱玲的回答是"你们办的这种不出名的刊物,我不能给你们写稿,败坏自己的名誉"。近来有一个想法,凡是有关旧人旧事的事过境迁的回忆,时间隔得越远其可信度越低。柯灵如是,张爱玲的亲弟弟张子静也如是,使用此类材料务请过一下脑子,脑子不用也会生锈。这类回忆往往因为没有第一手的实物在手边而说错话。譬如张子静说"当下即决定要在复刊的《紫罗兰》创刊号发表"。实际上,《沉香屑》首刊在《紫罗兰》第二期。连余斌也被张子静带沟里去了,称"《第一炉香》《第二炉香》随即出现在《紫罗兰》的复刊号和第二期的显著位置上"。由于余斌未看过《紫罗兰》原刊,因此,所云"显著位置"自是想当然了;"复刊号"一词亦不够恰当。最要紧的问题是,《第一炉香》连载三期,《第二炉香》连载两期,总共连载五期(第二、三、四、五、六期)。鄙人如此不厌其烦地科普,总得有人说句谢谢吧。

《语林》《语林》的大小厚薄和《小天地》一模一样。编者兼发行是钱公侠一个人,似乎是私人杂志。第一期刊出张爱玲中学老师汪宏声《记张爱玲》,第二期刊出张爱玲《不得不说的废话》和秋翁(平襟亚)《"一千元"的经过》及汪宏声《"灰钿"之声明》。钱公侠多事,将本已消停的"一千元灰钿"风波又给搅和起来了。也好,《语林》成为记载"平张风波"的唯一杂志。我是在没有看过《海报》之前早早就购买了《语林》,据此写出了《张爱玲为什么和〈万象〉闹翻?》,对"灰钿"做了一番解读。《语林》里有两首张爱玲的打油诗,不是啥新发现。

《苦竹》《苦竹》乃胡兰成创办,因此刊载张爱玲《桂花蒸,阿小悲秋》《谈音乐》《自己的文章》,纯属"夫唱妇随",无甚内幕可究,倒是顺藤摸瓜可以深考一下《苦竹》与《新东方》的眉来眼去。

《新东方》《新东方》非常罕见,搜求民国刊物三十年,只碰到零星散册。《新东方》刊有张爱玲《存稿》《自己的文章》《鸿鸾禧》。编者称:"感谢胡兰成先生答应以后每期有文章写来,这一期就给了我们两篇。""张爱玲先生且答应下期给我们一篇小说。"《新东方》先是在南京办公,后期迁到上海。迁到上海后从苏青《天地》那截胡过胡兰成的稿子。《新东方》报道过"卡廷惨案"新闻,事发之初即认定是苏联人干的。

《春秋》《春秋》属于"万象型"。没有张爱玲的作品,"只有张爱玲写给某编辑的一封信"。这位"某编辑"即陈蝶衣,《万象》前主编,柯灵接的就是陈蝶衣的位置。陈蝶衣后来对张爱玲评价偏颇得可憎,什么"国难当头时的卿卿我我一族",什么"国难当头,未见共赴"。您一个五尺男儿勇赴戎机了么,仅仅写了几首歌词"尽其在我"

而已，却偏偏要求张爱玲的文字与"国难"挂上钩，凭什么呀。

《大家》 我曾经于本报(《上海书评》)写过《〈大家〉与张爱玲友善》，本文不再赘述，到此终稿。

张爱玲诞辰一百年的时候，写了这些不算纪念的话。对于自己三十年来惨淡经营省吃俭用的"张爱玲初发刊"小摊，对于宽容自己肆无忌惮使用家庭生活费用的家人，算是有个交代。

二〇二〇年六月二十八日

一九四四年上海《太平》画报目录页有张爱玲文章《借银灯》

张爱玲研究中若干个积非成是

今年是张爱玲一百周年诞辰,一时间纪念文章和图书蜂拥而来,张迷们称二〇二〇年是"爱玲爱玲年"。热闹归热闹,但是张爱玲研究中的几个积非成是的小问题,如鲠在喉,我想趁这个热闹劲儿讲出来,兴许还有人听。更大可能是说了也白说,眼前就有一个现成的例子。

一、张爱玲认错了人

张爱玲《小团圆》里有一段话,"使她立刻想起回上海的时候上船,珍珠港后的日本船,很小,在船阑干边狭小的过道里遇见一行人,众星捧月般的围着个中年男子迎面走来,这人高个子,白净的方脸,细细的两撇小胡子,西装虽然合身,像借来的,倒像化装逃命似的,一副避人的神气,仿佛深恐被人占了便宜去,尽管前呼后应有人护送，内中还有日本官员与船长之类穿制服的。她不由得注意他，后来才听见梅兰芳在船上"。

我先后写过《轮船乎，飞机乎——一九四二年梅兰芳离港返沪》《张爱玲认错人，周黎庵记错事》《"那是一个初夏轻阴的下午"》几篇考证文章，已将梅兰芳是乘飞机，张爱玲是乘轮船离港来沪及具体日期考证得严丝合缝，板上钉钉的铁案，梅张二位在时间上在交通工具上绝无交集。可是俺人微言轻，写出来的东西没人看，看了或许也不信。刚刚止庵给我发微信称："你白写文章考证了！"我问怎么了，他马上发来那本著名的史料杂志最新一期上的文章《张爱玲与梅兰芳的文艺因缘》，我只扫了一眼立马明白"白写"具体所指了。作者完全采信了周黎庵的话"梅兰芳是1942年春被日军遣送返沪的……张爱玲那时尚未成名，也附轮来沪"。而且还加上自己的判定"衡以当时的局势和梅兰芳的处境，上述记载真实性颇大"。历史的真实性能这么臆想"颇大"或颇小吗？

得，我受累再说一遍：梅兰芳乘飞机于1942年7月26日下午4点30分在上海大场飞机场降落。既非周黎庵所云"1942年春"也没有什么"遣送"。张爱玲则于1942年5月8日乘轮船回到上海。

上面这段现成的"写了也白写"的例子，只能算是临时的加戏，凑巧送来的段子而已，没瞧见的例子肯定更多，我没有义务一一告知。不是什么大不了事情，同船就同船呗，天又塌不下来。考据癖者往往不免技痒，拙于藏隐，指出人家的错讹，碰上量狭的作者，不就是得罪人么。

二、张爱玲数错了字数

要说最早的"积非成是"却是张爱玲自己一手造成的。事情的经过是这样的。1939年9月上海的《西风》杂志发起《〈西风〉月刊三周年纪念现金百元悬赏征文启事》，征文有七条规则，这几条尤其要紧：（一）题目："我的……"，举凡关于个人值得一记的事，都可发表出来（下略）。（二）字数：五千字以内。（六）奖金：第一名现金五十元，第二名现金三十元，第三名现金二十元。第四名至第十名除稿费外，并赠《西风》或《西风副刊》全年一份。其余录取文字概赠稿费。

人在香港求学的张爱玲以《天才梦》(《我的天才梦》)投寄上海应征。来年四月，征文揭晓，张爱玲获"名誉奖"第三名。对于这个规则之外的名誉奖，《西风》编者称六百八十五篇征文"佳作纷陈"，以致"选定得奖的文章，以及决定名次时，还是觉得左右为难"，甚至"委屈了一些佳稿"。考虑来考虑去"另外定出三个名誉奖"。(此处我插一句，"奖外有奖"本意是搞平衡，实则添乱。)获奖征文结集时采用张爱玲的《天才梦》做了书名。按说名誉奖第三名，又被编者看中作为单行本书名，搁一般人会挺满足的，偏偏张爱玲不是一般人。

一九七六年三月张爱玲在香港出了本新书《张看》，在书里冷不丁地对三十多年前所获"名誉奖第三名"这事发起了牢骚："《我的天才梦》获《西风》杂志征文第十三名名誉奖。征文限定字数。所以这篇文字极力压缩，刚在这数目内，但是第一名长好几倍。并不是我几十年后还在斤斤计较，不过因为影响这篇东西的内容与可信性，不得不提一声。"《张看》当年销路远非今日可比，所以张爱玲的牢骚没啥人理会和理解。如果不是一九九四年张爱玲再度发难，给事闹大了，却促成我一个字一个字去数《天才梦》的字数,我之前,有人数过吗?

一九九四年十二月,张爱玲又一次获奖(台北《中国时报》第十七届文学奖特别成就奖)。张爱玲写了文不对题的获奖感言《忆〈西风〉》,通篇都是对五十四年前的"名誉奖第三名"发怨气,把《中国时报》晾一边去了。张爱玲愤愤不平地唠叨不止:"我写了这篇短文《我的天才梦》,寄到已经是孤岛的上海。没稿纸,用普通信笺,只好点数字数,受五百字的限制,改了又改,一遍遍数得头昏脑胀,务必要删成四百九十多个字,少了也不甘心。""《西风》从来没有片纸只字向我解释。我不过是个大学一年生。征文结集就用我的题目《天才梦》。五十多年后,有关人物大概只有我还在,由得我一个人自说自话,片面之词即使可信,也嫌小气,这些年了还记恨?当然事过境迁早已淡忘了,不过十几岁的人感情最剧烈,得奖这件事成了一种神经死了的蛀牙,所以现在得奖也一点感觉都没有。隔了半世纪还剥夺我应有的喜悦,难免怨愤。"

真想瞧瞧颁奖方《中国时报》读了获奖方张爱玲这番话是个啥表情。

面对张爱玲所说"受五百字的限制""务必要删成四百九十多个字"的超差记性及算术,几十年来竟然无人去给《天才梦》"点数字数"。我点了,字1181个,标点和英文167个,合计1348个字符。除了手数之外我还把《天才梦》下载到电脑文档里,用电脑计算得出的字数是1396字。其实甭管用什么方法数,甭数,肉眼都能瞧出来《天才梦》不止五百字呀。听科学家说,文学天才往往数学很差。

三、张爱玲与《紫罗兰》

再简单地讲一个"积非成是"。张爱玲的成名作《沉香屑》刊于1943年5月周瘦鹃主编的《紫罗兰》杂志第二期,且于第三、四、五、六期连载了五期。由于《紫罗兰》甚为罕见,能读到原刊颇为不易,连张爱玲的弟弟张子静手边也失存原刊,因此各种似是而非的说法就流传开来,大有成为定论之势。什么说法呢,其中最要害的是说《沉香屑》发表在《紫罗兰》创刊号而不是第二期,张子静也这么说,当然相信的人就多了。本来是差一期的小事,为什么要较真呢?因为这里头牵扯到张爱玲与周瘦鹃，张爱玲"出名要趁早"理念等一系列微妙的创作谋划，而且紧跟着张爱玲与其他刊物老板编辑关系或好或坏均可以从中找到逻辑支持，故不应等闲视之。

四、张爱玲与苏北土改

还有一个"积非成是"很有趣，非也好是也好，双方都拿不出直接证据来。这个有趣的"是非"即"张爱玲一九五〇年七月参加了第一届上海文学艺术工作者代表大会，这年冬天张爱玲和与会代表分批参加了苏北的土改"。第一条张爱玲确实参加了代表大会，存疑的是第二条张爱玲到底参没参加过苏北的土改。张子静回答季季的提问"海外一直传说解放后张爱玲曾去苏北参加土改"时说，"我确实不知道，她也从未向我提起这件事"。另有一种说法称张爱玲"写《秧歌》前，在乡下住了三四个月，可能就与土改经验有关"。有志于张爱玲研究的张迷们，这道题的破解应该不难。

二〇二〇年十二月二日

包天笑与杂志界

在我有限的文化记忆里,包天笑(1876—1973)给我的印象是位古老的旧派的大作家,却不见载于正统的文学史。直到某一天在琉璃厂邃雅斋旧书店的书架上看到一本《杂志》,这才拉近了与包天笑的距离。一本杂志的名字就叫杂志,好像这是吾国期刊史的唯一一例。《杂志》1938年5月10日创刊于上海,中间停刊了两回,于1942年8月10日再度复刊。复刊之后的《杂志》较之先前的《杂志》,不知好看了多少倍!只需说一句,张爱玲是《杂志》的头牌作家,还用多解释么。张爱玲名作《金锁记》、《倾城之恋》给了《杂志》首发,《杂志》专为张爱玲办过几次聚会——"《传奇》集评茶话会""苏青张爱玲对谈记""女作家聚谈""纳凉会记"。"投我以桃,报之以李",双方的合作非常愉快,善始善终,没有重蹈《万象》"一千元灰钿"的覆辙。《杂志》不单单对张爱玲好,对所有的

包天笑照片

作者都好，唯一的负面——有人怀疑它的背景是否正确。

在《杂志》里，我惊奇地见到了从远古走来的包天笑，老作家慈眉善目，谁也不得罪的圆胖脸。1944年12月的这期《杂志》，刊出了老漫画家王敦庆（1899—1990）的《作家素描六题》，第一题《包天笑车中话旧雨》，如雷贯耳的人名真多，值得全部抄在下面：

若果没有随车由京返苏的漫画家季小波兄的解说，彼此阔别二十年的包天笑先生，或许不会再认识我，我于庞杂的人丛中，也未必能找着他。我代包先生提着轻便的旅行箱，一同乘上定备的bus。冬来的雨声，如泣如诉，不禁引起了我们怀旧的哀愁。

我们不约而同地谈到当年《晶报》的"三剑客"——袁寒云、张丹斧和余大雄的过去，讲起目前居留在苏州的《晶报》同仁许窥豹和黄转陶两位"小弟弟"的现在。又论及由他扶育成人而去充《新华日报》记者的毕倚虹的一位公子。再交换关于飘泊在数千里外的漫画家张振宇和黄苗子的消息。甚至还想起抛却笔耕生活的江红蕉，目前经营丝织品公司是如何地得意。最后,我不知怎样把他所主编的《小说大观》提出来做话题,他随即就说:"每期用老四号排,也有二十多万字,要估四五百页的篇幅,定价却只有'袁世凯'一枚。若照现在的市价记算,恐怕纸章就需要四五百元,还不说排印工了,即或卖给旧货担,每册也可得一张一○○。这足见今日的出版事业,愈弄愈难了。"

包先生比我大二十一岁,明年就要做七十荣庆,可是他的身体与精神,还是那样地健旺,笑容还是那样地可爱。

人世几回伤往事,王敦庆和包天笑聊到的《小说大观》,不由然使我想起我那失去的《小说大观》。三十年前,于海王邨里的中国书店漫无目的买了不少零零散散的老旧杂志,其中即有《小说大观》。当时买回来的杂志,自己感觉封面不讨喜的就搁在壁橱里,《小说大观》黑不溜秋,又厚又大,理所当然打入壁橱。不久,还是在那家中国书店的书架上,我一眼瞅见书架顶端放着一捆朝思暮想的《古今》,请老店员取下来一看定价,900元!当时穷得叮当响,情急之下,回家从壁橱里拿出两大撂子杂志,算了算买入价拢共是1800元,心想折个半价换套

《古今》总可以吧。第二天赶到店里，说明我的意思，老店员的脸立马就不好看了，冷冷地说了一句，哪有这么换算的？虽然碍于我在他这儿买了两三年的老杂志，怎么着也算老主顾的情面上，最终换给我《古今》。可是，从此往后，老店员再也没有卖给过我一本杂志，更甭提上库房给我补配杂志了，三年的交情毁于《古今》。《小说大观》也在那次交换之中，在壁橱前我曾犹豫过，翻了翻还是换出去了，可是"若有所失"的心情一直时隐时现。多少年之后，我买到了《小说大观》的创刊号，好像是一种补偿吧，对自己，对包天笑。

高伯雨（1906—1992）于《记包天笑先生》里写到《小说大观》和《星期》，那是青少时期高伯雨的爱物："我开始读他（包天笑）的小说时是一九一九年，有一天，我偶然在书斋的书橱中发见一本厚厚的《小说大观》，我是看惯旧章回小说的，当时正在看《七侠五义》《施公案》《彭公案》《七剑十三侠》一类的书，现在见了这部新的小说，真是耳目为之一新。""因为对《小说大观》有好感，故此爱屋及乌，对主编人'吴门天笑生'自然也有好感……后来在《申报》，见有大东书局大减价的广告，赫然有《星期》在内,五十本一盒,定价五元,八折优待,我连忙写信托上海的朋友代买了。"

魏绍昌在为鸳鸯蝴蝶派作家群排兵布阵时,将徐枕亚、李涵秋、包天笑、周瘦鹃、张恨水五位,称作"五虎将"(《我看鸳鸯蝴蝶派》)。包天笑(1876—1973)对于这顶帽子不大情愿:"前日《大公报》的《大公园》里,宁远先生写了一篇《关于鸳鸯蝴蝶派》,其中似有为我辩护的话。他说我'以风格而言,倒还不是地道的鸳鸯蝴蝶派'云云,至为感谢。据说,近今有许多评论中国文学史实的书上,都目我为鸳鸯蝴蝶派,有的且以我为鸳鸯蝴蝶派的主流,说起鸳鸯蝴蝶派,我名总是首列。我于这些刊物,都未曾寓目,均承朋友们告知,且为之不平者。我说:我已硬戴定这顶鸳鸯蝴蝶的帽子,复何容辞。行将就木之年,'身后是非谁管得'付之苦笑而已。"

又说:"我所不了解者,不知哪部我所写的小说是属于鸳鸯蝴蝶派。(某文学史曾举出了数部但都非我写。)"

包天笑显然不是现代文学研究者的重点,在《中国现

包天笑主编的《星期》杂志（一星期出一期），封面画多为别具风格的滑稽漫画

代文学期刊目录汇编》的276种现代文学期刊中，包天笑只在《小说世界》里有三篇作品，《万象》三篇，《风雨谈》六篇。但是如果将范围扩展到"近现代文学"，包天笑的名字则响彻云霄。将包天笑划归到鸳蝴阵营里，我认为研究者是为了"叙事的方便"，将之归到破鼓万人捶那一边，揍起来又顺手又省劲。

《杂志》于1944年11月举办了一场别开生面的"掌故座谈会"，请来的嘉宾有包天笑、周越然（1885—1962），徐卓呆（1881—1958）、钱芥尘（1886—1969），还有三位日本学者：内山完造、松平忠久、福间彻。主持人说："在座诸位中，包先生的高寿已经六十九岁，年纪最长，就请包先生先谈些清末的小说作家和他们的作品。"包天笑说，清末四大小说家，曾孟朴、刘鹗、李伯元、吴趼人，"我认得曾、李、吴三位，只刘铁云先生不相识，他只做了一部小说《老残游记》，其余三位则著作很多"。这资格老得也是没谁了！

接下来，他们聊起了《绣像小说》《东方杂志》《民报》《小说月报》《时务报》《浙江潮》《江苏》等报纸杂志和主笔者的逸闻趣事，谈兴正浓，一些个花边掌故自然而然就聊了出来："他（李伯元）与花界中人物挺相熟，每逢星期日，总在'张园'跟当时的名妓在一起的。""经售《民报》的徐镜吾，一个肥胖的人，也是老同盟，大家叫他'野鸡大王'。那时的好事文人，常常开'花榜'，捧长三妓女，他却故意开'草榜'，把最下等的妓女——野鸡，选举作状元，故有野鸡大王的诨号。""（《杂志》）：福间先生到过青莲阁没有？（福间）：去过的，我在青莲阁楼上喝过茶，看见野鸡兜来兜去，络绎不绝。（《杂志》）：没被她们拉了去？（福间）：哈哈，没有。""那时候青莲阁有一书场，妓女来往，都坐在龟奴的肩上，由龟奴的手托住一只小脚，真有趣。""日本人娶中国太太的，倒常常要离婚，据我所知，有十几个日本人娶中国太太，可是其中只有一个人是不曾离婚的。""哎呀！戴季陶先生自己是怕老婆的，他的太太凶得很啊，所以他有此一论。""嘴上说怕老婆的，未必真怕，讳言怕老婆的，倒一定有季常癖。"

"掌故座谈会"主持人总结发言："我们希望在座诸位将来能够把这些可贵的掌故和史料，写成文章，这样较有系统，也可以说得更详尽一点，在《杂志》上发表。当然，这又是为《杂志》拉稿。"几位与会的老作家，包天笑以实际行动响应，旋即给了《杂志》这些顶级的掌故好稿：《我与杂志界》（上下）、《六十年来妆服志》（上中下）、《六十年来饮食志》（上）。《饮食志》特好看，可惜没来得及登完，《杂志》便停刊了。

想三十年前，龚明德关心我，鼓励我编《书鱼重温录》，内收民国杂志里谈藏书的文字八十余篇，其中即有包天笑的《我与杂志界》。

包天笑于《"今年的愿望"特辑》（1945）说："我每日早晨起身吃粥，两碗白米粥，三碟吃粥菜。粥菜并不名贵，咸菜，酱瓜，偶或有火腿，皮蛋，惟粥则香粳米，熬之极稠。今已两年不唻此粥，而此种糙米，所煮之粥，殊难下咽。我希望今年仍旧吃点香粳米粥。"七旬老翁何所求，一碗香粳米粥而已。包天笑，可亲可爱的老人。

回归正题，包天笑与杂志界。《我与杂志界》分两期刊载，可称它为近代期刊之信史，若果有人撰写中国杂志史，此文诚为宝贵的一手材料。若果再参考包天笑1971

年所撰《钏影楼回忆录》里相关的《木刻杂志》《在小说林》《编辑杂志之始》《编辑小说杂志》《〈时报〉怀旧记》诸篇，合而观之则更佳。某些小细节和小数据，还是《我与杂志界》可靠，如"《星期》也是以小说为主体，不过多一点小品文之类，式样是小型的。……一年共出五十期，幸未脱版，已觉大幸"。而《编辑小说杂志》内云"这个《星期》周刊，也只办满了一年，整整五十二期"。又如《编辑小说杂志》里说"《小说画报》初出版时，却也风行一时，照例印三千册，可以销完……出完了一年十二册，以了此局"。实际上《小说画报》自1917年1月至1920年8月共出22册。某年中国书店拍卖会有21册《小说画报》上拍，以二万多元成交。

包天笑亲力亲为主编若干杂志，因此他颇能说出里面的道道，如"《小说大观》是一种季刊，一年出四册，小说杂志的有季刊，此为创始，后来遂有《文学季刊》之类。为了这小说大观四字，我颇与沈芝芳争执一下。我主张用'今小说'三字，否则老老实实用'小说季刊'四字。因为那时候，坊间所出的书，都是用大观两字，使人一望而知是'洋洋乎大观哉'。因此编了许多法律书的，便称之为'法学大观'。搜集许多笔记而汇刊成编的，称之为'笔记大观'。更有所谓'清朝野史大观'，甚而至于还有书画大观，魔术大观等等，大观两字，早已用得滥了。然而他们书贾，是注意在生意眼的，用大观两字，足以表示内容丰富。因为是季刊，要三个月出一册，安得不以丰富示人呢？……他们的生意眼却不差，出版后果然畅销"。

另如"《小说画报》尤其特别，完全是旧式，用有光纸一面印，装订作线装（用五色线作草装法），除短篇小说外，其余的长篇，完全是章回体。何以谓之画报呢？因为每一篇中，都插图画罢了，这近乎从前的所谓绣像小说。不过《小说画报》当时有一个规例，无论长篇短篇，都不许作文言。这在当时无论何种杂志所少见的"，"《小说画报》上写稿的，除自任长短各一篇外，有陈蝶仙（即天虚我生），叶楚伧，姚鹓雏，毕倚虹，周瘦鹃，朱鸳雏，徐卓呆，张毅汉诸君，此皆为我之健将，每编小说杂志，必借重诸君，即《小说大观》亦如是。但有一人，亦为吾《小说画报》的中坚分子，即刘半农君是也，刘半农后为新文学钜子，在《小说画报》时代，则亦写章回小说者"。

再如"我在编辑了《小说大观》《小说画报》以后，曾经编过了一种星期刊，那种星期刊，名字就叫《星期》。……因为编辑杂志，在我算是一种业余工作，我的本业是新闻记者，编那种月刊、季刊，可以从容不迫，正是《论语》所说'行有余力，则以学文'了。倘然是星期刊，那就七日一来复，迫紧在后面，我恐怕有些吃不消了。……《星期》出版以后，销数在水平线以上（当时上海的杂志，以能销三千份为水准线，不及此数，即将亏本。）但至多亦不过五六千，少则在三千数百份之间，于出版家之理想，未能满足"。

包天笑自嘲："由《小说大观》，而《小说画报》，而《星期》，体积愈来愈小。友朋谑我，谓'张公养鸟，越养越小'。"

寒舍所存这三种包氏期刊，均为散册，《小说大观》是无心配齐，《小说画报》是无钱配齐，《星期》全帙近来本有机会一鼓而擒，却因一念之差失之交臂，聊以启功的话"来日无多慎买书"当宽心丸吧。

二〇二〇年二月一日

简又文和《逸经》杂志

简又文（1896—1978），他有个怪怪的笔名"大华烈士"，从俄语"同志"товарищ读音转来。我上中学的时候学的是英语，那时候俄语已经远不如二十世纪五十年代兴旺和吃香了。院子里有几个高年级的邻居，学的是俄语，所以我很早就知道"阿是我，逮是你，达瓦列士是同志"。现在说这话，并不是说我一眼勘破了简又文的笔名，好像还是谁告诉我的或者从书刊上读来的。要说特别地关注起简又文，那是因为他主办的《逸经》杂志，《大风》杂志倒在其次。至于简又文所说"记得在前年春间，林语堂、陶亢德、徐訏诸君和我数人共同创办《人间世》小品文半月刊"（1936年3月5日《逸经》创刊特大号《逸经的故事》），简直让我吃惊了，《人间世》的创办有简又文参与么。过去忙忙活活地搜罗民国刊物，许多事情只是浮光掠影地一瞥而过。等到有工夫沉下心来写点东西，才发

简又文戎装照及手迹

现该补的功课真不老少。譬如简又文与《人间世》的关系，请教了宋希於兄之后，"拨开迷雾见青天"。

三十年前我入手林语堂旗下三大杂志《论语》《人间世》《宇宙风》，迟至今天，才弄明白《论语》和《人间世》应该算"国企"，林语堂只是个经理的角色;《宇宙风》才算"私企"，还带点股份制的意思。弄明白了这个道理之后，《逸经》就好定性了——简又文私企，简又文独资，简老板，一支笔。《逸经》版权页"社长兼发行人简又文"，从始至终，大权独揽，未曾旁落。《论语》的东家是上海时代图书公司（邵洵美），《人间世》东家是良友图书印刷有限公司（伍联德）。庄钟庆在《论语派》中这么写的："《论语》半月刊，一九三二年九月十六日创刊于上海，林语堂任主编，因产权纠纷，第二十七期以后由陶亢德接编，不过林语堂仍为实际主持者。""一九三四年四月林语堂、陶亢德在上海又创办《人间世》半月刊，由于编辑部门与出版部门的意见龃龉（此话似袭用郑逸梅所说'中间因编辑与营业方面时有矛盾'），创刊一年多即于一九三五年十二月停刊。"不管庄钟庆写得与事实有否出入，总算涉及我一直忽略的问题。林语堂对《人间世》事耿耿于怀：

"又文兄：你办《逸经》，我甚赞成。即使没有别的原因，单看目前《人间世》第四十二期出版一个月我应得的几本尚未收到，而四川路至愚园路并不很远——这就可以令人明白我何以主张办报非自己办不可。"(《逸经》第一期《与又文先生论〈逸经〉》)

简又文接着上面那段话说："中间，因编辑与营业两方面意见分歧，波折屡起，而进行乃遭阻碍。勉强维持至契约期满，我们决定不继续办下去了。于是林君乃与我商定自己另起炉灶，各办期刊，必使事权统一，免再受气，而力谋发行方面之改良，务求编辑理想之实现。不久以前，《宇宙风》已在林陶二君主持之下出而面世，雄视文坛了。而我们另外几位同志创办的《逸经》文史半月刊，经过几个月的筹备，如今也要同读者诸君行初会礼。"1936年3月5日，《逸经》面世，零售价一角。简又文经营有方——"至于卖价，固定每期零售一角，特大号二角。长期定阅全年一元。总之，《逸经》文稿丰富，人才齐备，声誉鹊起，销路大增（每期零售销至二万余，长期定户增至六千），而经济方面则资本充足，报费收齐，又有几页广告费以资弥补，所以稿费、印刷费、邮费、员工薪金，与一应杂费均可应付,既不为牟利,也不至亏本,兴之所至,随便加多篇幅,改善内容,对内只求自己进步,对外则务要读者及文友满意"。这样良性循环的悦人悦己的刊物,放眼二十世纪三十年代的杂志界,并不多有。1966年高伯雨(林熙)的《大华》杂志的景况有点儿像《逸经》,但是资本可谈不上充裕。

好像谁说的"文似看山不喜平",这篇小文又不是考职称的论文,不妨想到哪儿就写到哪儿。寒舍所藏《逸经》,得之不易,又是当年最缺书钱的时候强努着劲买的,记忆尤深。三十年前,只在旧书店买到过零星的《逸经》,还从书友秦杰那里交换来几册。2006年3月9日,西单横二条中国书店报刊门市部的小型书市,马经理按照我之前开的书单,找来了《中国文学》和《逸经》,前者是全份11期,《逸经》全36期,却少了四本,犹豫了一会儿,终究还是买了。《中国文学》2700元,《逸经》3000元,共计5700元,马经理优惠九折,实付5130元。寒舍所蓄民国期刊,基础是在海王邨种金明师傅的关照下打成的,第二阶段要算是邃雅斋吧,第三阶段确定不疑是横二条马经理,笼而统之,即"中国书店"惠我良多。

经常读一些淘书文章,好像都很忌讳写明具体的钱数,我已经到了这把年纪,老婆早已管不了我任性地买书,把书价写出来也能证明我对简又文和《逸经》的一片痴心。所缺四期分三回才配齐,第19和23期是去年配来的,这两册880元,邮递员对我说对方保了900元的价,呵呵。这两期《逸经》封面盖"桂西僮文学校图书馆藏书"章。馆藏书不大受待见,我却喜欢这样留有历史印记的旧刊物。由此想起了一件不大愉快的往事。

辛德勇,学问好,性格刚烈,有"辛神"之美誉。认识辛德勇有二十年了吧,知道他是黄永年教授的高足,与老师一样雅好藏书。前年的一回饭局,聊起他当年在海淀旧书店的捡漏大丰收,辛德勇说我还羡慕你当年价没起来的时候收了那么多老杂志,这话听着真舒坦。饭局上还聊起当年"巴金藏书流落地摊"的旧事,我很佩服涉事的辛德勇的硬气,相比之下我的遭遇就非常可怜了。《逸经》第33、34期不是连载了《红军二万五千里西引记》么,所以这两期的文献价值懂行的人都知道。我存的这两期盖有"国立北平图书馆藏"之章,而且有复本,因为穷呗,就交给中国书店拍卖。不久拍卖行跟我说这两期从拍目撤下来卖给"北图"吧，作价一千块给我。北京图书馆为什么要买这两本《逸经》呢，有几个因素，一是"巴金藏书流落地摊"的事主是北图，见到馆藏章就紧张，尽管是"前馆"藏章；二呢，该馆缺藏这两期，这个因素不大可信。第三个因素令现在的我很生气，想起来了，当时拍卖行称馆方怀疑我的《逸经》的来路。馆方拍唬辛神碰了硬钉子，拍唬我成功了。事情虽然过去了十四五年，与辛德勇对上了细节和拍卖行的某某，我差点想拉黑某某。

说及流落地摊，《逸经》也碰到过一回，当然那是非常时期的事情了。藏书家黄裳于《拟书话——〈忏余集〉》里讲道："大约一九四〇年顷，我曾在一家旧纸铺里见到'逸经'出版社散出来的一批杂志、文件，其中有达夫《饮食男女在福州》的手稿，龙飞凤舞用钢笔写在逸经社稿纸上，如获至宝，赶紧买了回来。可惜在离沪后失落了。十分可惜。总想能得到他的手迹，以为纪念。"按郁达夫《饮食男女在福州》稿刊《逸经》第九期（1936年7月5日），约五千言，至于稿纸为啥要逸经社提供，不得而知。郁达夫的题目起得巧妙，且将"饮食男女"的意思写得像拉家常。

《逸经》搜集本属我应该应分之事，可是要说到简又文的单行本，有两本书我好像越界了且发力过猛（写到这句时，刚刚将这两本书取出来，一瞧居然有惊我之发现）。十年前于孔夫子旧书网以两个2100元拍得简又文著《西北东南风》及简又文译《十七岁》，两本书既是精装而且护封保存完整，使我奋力竞价，大有誓不罢休之概。两本书都是上海良友图书印刷公司出品，都是1935年出版，出版序号一本是"326"一本是"334"，两书版权页均贴有简又文版权章，单一个"简"字。《西北东南风》皆短小隽永之笔记，略举一则："偶在上海半淞园小山之亭中黑石桌上发现顾维钧博士亲笔所署之鼎鼎大名，不知何时复不明何故，刻在石桌之上，与好些个游园而在此刻石留名者之名共列，谓予不信，有拓本为证：（顾维钧）民国廿三年九月末日遣新进仆人梁阿稳拓此于半淞园大华烈士趣识。"简又文既为文又为官，所以他不穷，"大概过了两年多，他忽然来找我。这次他不住在东单，住在北京饭店，显然阔起来了"。（谢兴尧《回忆〈逸经〉与逸文》），简又文于《宦海飘流二十年》内自陈："廿三年春我与杨玉仙女士结婚，她是香港基督教女青年会干事，并在沪西自构'斑园'。以'斑'名园者，先室名'玉仙'，长女名'华玉'

"斑园丛书之一",简又文译《十七岁》

"斑园丛书之二",简又文著《西北东南风》

双‘玉’之间有‘文’在焉也。自作聪明，贻笑大方矣。以后再生儿育女，果得家庭之乐，而集中精神力量从事业余的文化工作，以偿夙愿。从前寄存北平燕大图书馆及他处中西书籍文物，一概移沪，集中寒园，开始从新努力于笔墨生涯，研究学术。除到‘立法院’开会外，每星期有五、六日完全是我自己的时间，畅所欲写欲为，星期日也不休息。"美好的时光总是短促的，简又文1937年6月下旬携全家去香港度假休养，不料经此一别，简又文却再也没有回到斑园。（"中间，内子曾冒险乘轮到沪一次，将家中什物及藏书运回九龙。"）人生际遇，神仙难卜。话好像扯远了，"惊我之发现"即《十七岁》和《西北东南风》的护封上的极小字"斑园丛书之一""斑园丛书之二"。所见良友图书，从未见有如此高规格待遇者，简又文与良友公司高层关系非同一般吧。护封的重要性亦在于此，失掉护封便失掉了这个重要信息。前些日子与书友讨论"良友文学丛书"之一的《苦竹杂记》（1936年2月出版）为啥另有周作人亲笔题写书名的"白皮本"，是周作人向良友公司提出的特别要求，还是别的什么原因？如今已知存世白皮本有周作人签赠徐祖正、俞平伯、许寿裳的三册，寒舍存有一册白皮本，此外潘家园书贩"5235"手里有一册（钤周丰一印）。由于周作人1936年日记丢了，所以白皮本《苦竹杂记》的来由成了永远的谜。

简又文创办《逸经》有着全盘规划，天时地利人和，三者齐备，水到渠成。顶要紧的一步是从北京拉来了同为"太平迷"的谢兴尧（1906—2006）担纲主编。简又文与谢兴尧的共同爱好是研究太平天国，近乎痴迷，是以故人谓之"太平迷"（简又文称："因为情过于狂热及病近幼稚，致惹朋友们的讥笑，开始称我为'太平迷'。"）论痴迷之程度，简又文似乎要胜过谢兴尧许多；论成绩，也是简又文的大部头著作为多。简又文讲过一个好玩的痴痴癫癫故事："当时的'太平迷'，确有点迷头迷脑近于疯狂的病态，以故笑话百出，及今思之，犹堪发噱。如有一次偶闻人说，苏州城外戒幢寺的五百罗汉中有一个手拿着'太平天国'大钱一枚者。我听了，以为此城曾在太平军骈㠉下逾二年，当是一种遗迹。遂连夜乘车去考察。至则见那个罗汉手抱着大钱面文原来是顺读'天下太平'四字，不过'下'字在底，为手指掩着下截，故甚似'太平天国'而已。失望懊丧之余，不禁发笑。此行虽无所得，但却可参观有文学意味的寒山寺钟，畅游虎丘名胜，而尤有价值之举，则为参观忠王府遗迹,即拙政园是。自慰之情,似阿Q而胜于Q,良以确有所得也。"(《历史的历史》)这个笑话毕竟是笑话,充其量白跑了一趟,而下面这个故事可真不是闹着玩的。

简又文接着上面那个笑话讲道:"又一次,闻美国友人说,上海南京路一家骨董肆,有太平天国金币出售,即囊巨款前去。至则果见金钱二枚,大小及形式一如平钱,制作颇精,索价每枚百金,方欲解囊,但再细看一次,且以指轻捏其一,不料金钱随手破为两边,登时吓了一跳,掌柜责令照价赔偿。我却振振有辞:如果钱质是真金,何可捏断?制作伪物行骗,该得何罪?嘈吵辩论之下,店东出来,自知理亏,急于息事宁人,不再追究,我才得脱身。出了门,忙以手巾抹抹头上的汗。"这种事幸亏碰到简又文临危不乱,一言退敌,换了老实巴交的谢兴尧,必乖乖照价赔偿。(换了谢兴尧,也不会"即囊巨款前去"这么冲动吧。)藏书家姜德明曾与谢兴尧同事,在《谢兴尧》一文里写道:"文革兴起,他已退休在家,结果也变成牛鬼蛇神,被人拖到单位来。说'拖',并非夸张,因为他生来瘦弱,又胆小怕事,到了会场早已吓得两腿发软,不能迈步,只好由两名壮汉拖他上台。罪名之一是,三十年代他在上海曾经与简又文合办过小品文刊物《逸经》。"

简又文与谢兴尧合办《逸经》，两个人都写有回忆文章，事实清楚，唯谢兴尧第21期之后辞别《逸经》的原因，两个人的表面说法很一致，却似另有小的隐情。谢兴尧说："我在上海住了一年多，一切都比较顺利，惟对于环境气候，生活习惯，总觉得不太适应，总是恋恋于根据地北京，至1936年底，编辑《逸经》二十一期后，我即辞去《逸经》主编职务，由陆丹林接替，我仍不断给《逸经》写稿。其时老友萧一山接任河南大学文学院长，要增聘四位教授，这四位教授是范文澜，杨宗瀚（伯屏），还有一位姓余的和我，因此我便离开上海到了开封汴梁城。"（《回忆〈逸经〉与〈逸文〉》）简又文说："廿五年杪，谢兴尧以体弱多病，上海生活复不惯，编辑工作剧繁辞职北返，从廿二期乃由陆丹林继任。"（《宦海飘流二十年》）

与谢兴尧亲密无间且无话不说的柯愈春所写《读书种子谢兴尧》（载2017年4月《掌故》第二集）道出了内情："《逸经》出版后，据说每月可赚三四百元。大约办了一年，谢要求回北京，主要原因是他约徐凌霄写的稿件，

《逸经》封面画——方人定绘美人折柳图

简不满意,让人难堪。谢觉得简又文有时盛气凌人,表现出主人对待雇员的神气。谢原来想去徐家汇天主堂和南洋中学读旧报及地方志,搜罗太平天国的资料,因去郊区来往甚不方便,目的无法达到。《逸经》杂志办二十一期后,谢告辞回京,由陆丹林接任主编。"

对于简又文,我的认知全部来自书面文字,于谢兴尧则亲熟得多,甚至有机会见到他。1951年我父亲从上海(中华书局)迁来北京,时逢抗美援朝,父亲写了文章《三百年来的抗倭斗争》寄给《人民日报》,邓拓把稿子交给谢兴尧,由此父亲与谢兴尧有了来往。谢兴尧1950年在隆福寺修绠堂出了本《太平天国史事初录》,送给父亲,于封面题写"君任宗兄正"。父亲曾对我讲他不大看得上"小谢"谢兴尧,觉得"大谢"谢国桢学问高。还说谢兴尧和他来往另外一个原因是想让父亲帮忙销售书。谢兴尧送给父亲的这本书如今在我手里,我挑着读过几篇太平军在北京郊区活动的故事,不像打仗像游戏。

二十几年前我们几个淘买旧书兴致旺盛,赵龙江兄带我拜访了梅娘,姜德明家也是龙江带我去的,见到龙江和周黎庵、金性尧们往来信，很是羡慕，也学着给金性尧写了封信，老人家居然给我回了信。我干事缺少长性，这点远不如龙江，龙江和谢兴尧来往，和谷林来往，和梅娘来往都能做到"亲如一家"，我只去过梅娘家一次，便感觉到梅娘与龙江讲话像唠家常，"龙江，你小孩挺好玩了吧"。我则木讷地坐在一旁。以故龙江能够写出《史家谢兴尧先生的日记》和《琐记尧公晚年》这样亲切的好文，而我无论如何写不出来的。龙江亦藏有全份《逸经》，他就能想起去请谢兴尧题几句话，"昨夜龙江夜访谈书，近去谢兴尧家，病榻之上勉强起身，见《逸经》忆六十年前旧事"。这是1996年10月4日夜我写在《堪隐斋随笔》上的一段。现如今能碰到三十年代杂志的主编并能说上话，聊出一些期刊掌故，多么难得的机会，我这个杂志癖者却轻易放过。

谢兴尧辞别《逸经》后继续给旧东家写稿，这就发生了一件有趣的事情，间接地使我成为《新八仙过海图》"主角"。第二十八期《逸经》续刊谢兴尧《瑶斋漫笔》，署"五知"，"瑶""尧"同音，不用猜了吧。这期漫笔有三则，前两则是谢的老本行"太平事"，第三则《新旧八仙考》附有汪子美漫画《新八仙过海图》(旁注"斑园藏")。

谢兴尧写道："林语堂氏提倡幽默创办《论语》，风靡一时。世人以在《论语》上常发表文字之台柱人物，拟为八仙，林氏亦承认不讳。如《宇宙风》第一期，林跋姚颖文云：'本日发稿，如众八仙齐集将渡海，独何仙姑未到，不禁怅然。适邮来，稿翩然至。'吾人虽知有'新八仙'——或'活八仙'——之说，而究不悉诸仙尊姓大名。至去年夏，林氏将赴美，某漫画杂志始有《八仙过海图》，即摩登新八仙也，余友大华烈士因为仙家之一，乃不惜以'番佛廿尊'，易八仙原绘，予得亲觏仙家'神气'。（注：神气，川谚，即样子，模型意。）所拟为：吕洞宾——林语堂、张果老——周作人、蓝采和——俞平伯、铁拐李——老舍、曹国舅——大华烈士、汉锺离——丰子恺、韩湘子——郁达夫、何仙姑——姚颖。此新八仙题名录，亦近年来文坛佳话也。"

一晃六十几年时光，文化老人集体怀旧，谢兴尧托龙江找 1934 年 9 月《论语》第 49 期"两周年纪念特大号"，那上面有简又文姚颖丰子恺俞平伯郁达夫老舍"六仙"高清玉照。龙江知我有藏便代"老谢"向"小谢"借去一观，不久归还，其实这期特大号我有复本，本该直接送给老谢算了。

1999年冬某天上海文化老人魏绍昌在电话里问上海文化老人周黎庵："有没有见过三十年代某杂志上刊载的一幅整版漫画《文坛八仙过海图》？"两位老人手边没有实物，凭记忆连此画的名字也记错了，甚至一度将我带沟里去了。后来我找到了这幅漫画的初发刊《上海漫画》，兴奋地连夜撰文《〈新八仙过海图〉找到了！》。

这还不算完，谢兴尧所云"余友大华烈士因为仙家之一，乃不惜以'番佛廿尊'，易八仙原绘"是大可考究的。"番佛廿尊"相当于我们的钱多少呢（有人说是二十块银圆），我只知道换算起来很麻烦，反正不是一笔小数目，简又文却付得起。现代漫画名作的原画很少留存下来，而有过真金白银成交价的只知这件《新八仙过海图》。

这还不能算完，《上海漫画》和《逸经》所载《新八仙过海图》与简又文珍藏的原绘对比，少了一个要紧的地方。原绘的左边有"八仙过海图汪子美作简又文题"二行字，并钤有两方印章。当然还有一种可能，简又文是多少年之后补题的，所以画题少了"新"字，所以标题为《"论语"八仙图》。这些个错乱要怪还得怪汪子美，当初他要是在

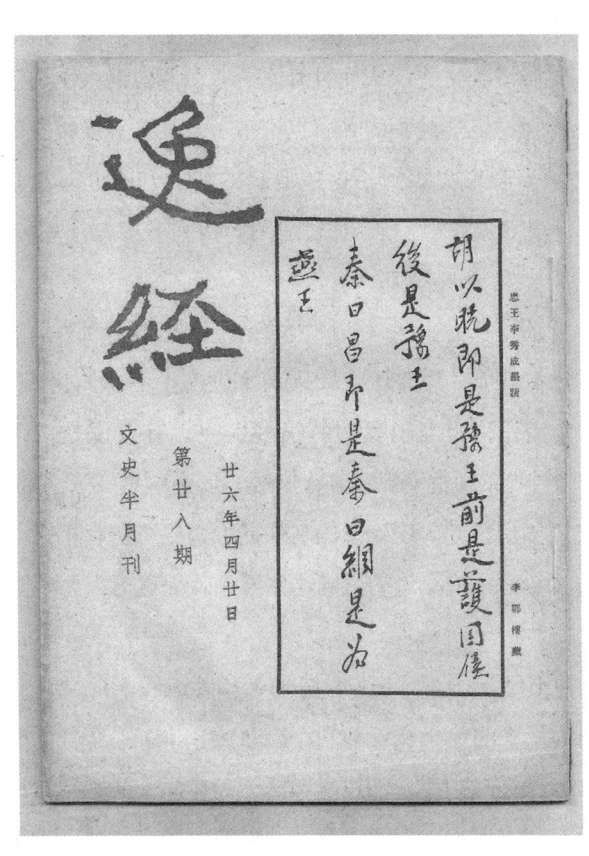

《逸经》封面李菁楼藏李秀成墨迹

画面上直接题上"新八仙过海图"而不是写在画外，也许不会生出乱子，但是却很无趣很不漫画。

这还不能够算完，主角不会轻易让你当的。我既收藏原版全套《逸经》，却舍不得翻阅，患得患失，见到影印版《逸经》便宜便买来舍得可劲地翻阅。已知《逸经》日本影印过，中国影印过，我买得早所以买的是1977年台湾地区的影印本。影本前言《重印逸经全部旧刊的几句话》（陈平达）有云："我偶尔提及此事，简先生便张嘴哈哈大笑。"这么说来序者陈平达与简又文是熟悉的，可是很大可能简又文未及看见自己亲手打造的《逸经》被出版者做了手脚，如果看见哈哈大笑也许就换成了哇哇大哭。

如果我不是很熟悉《逸经》的话，如果我不是经常使用《逸经》的话，影印出版者所动的手脚可能"欺我一世"。首先发现的是《逸经》的重头戏，连载于第25、26、27期的《瞿秋白遗著雪华录寄并序：多余的话》被全文删掉，页码重新编排。而陆丹林的《逸话》（相当于"编者的话"）里"瞿秋白昔是共产党里庸中佼佼的人才"等一百五十余字则直接开了天窗。第28期《逸话》是简又文写的，这段话统统删掉，"《逸经》登载瞿秋白氏《多余的话》之后，曾惹起社会人士之极大关注，多欲深识瞿氏一点，适黄鲁珍先生寄赠《关于瞿秋白》一文，内述其人罕见的行状，亟为发表，以作瞿文之尾声"。影本出版者心细如发，立斩黄鲁珍于刀下。影印出版者删除《多余的话》之动机尚不难理解，只不过手法笨拙，活干得不漂亮。真正可笑的是那些个"删名留文"之手脚。如第25期目录上周作人文《人境庐诗草》，"周作人"三字开了天窗，到了内文呢，《人境庐诗草》在，"周作人"名告缺。陆丹林《逸话》里这句"本期文学门内先生所作的《人境庐诗草》"，出版者将"周作人"三字径直挖掉。此类把戏多多，不胜枚举。

据我多有疏漏的翻查，上了影印出版者"黑名单"的重点人物除了周作人，尚有老舍、俞平伯、许钦文等。游走于原本和影本之间一通忙活，似乎觉悟到了什么道理。简又文重金所购《新八仙过海图》，影本将"蓝采和俞平伯"挖改为"蓝采和俞伯"，却百密一疏地让旁边的"张果老周作人"溜了过去，呵呵。

二〇二〇年六月十一日

叶灵凤《读书随笔》札记

近日买到繁体字版《读书随笔》(叶灵凤著,三联书店(香港)有限公司),对比1988年版,直观感觉,开本大了一圈,简体改为繁体。装订由胶订改为锁线,这个改变尤其好,书页完全180度摊开,放在桌面上一页一页翻,不用像胶订书那样占着两只手还较着劲儿。

我看书有个坏毛病,喜欢在书上涂写,美其名曰"不动笔墨不读书"。有的人喜欢"躺着读书",我做不到,因为不方便往书上乱写。对于我的涂写,钱锺书却说过一段高论:"但是,世界上还有一种人。他们觉得看书的目的,并不是写批评或介绍,他们有一种业余消遣者的随便和从容,他们不慌不忙地浏览,每到有什么意见,他们随手在书边的空白上注几个字,写一个问号或感叹号,像中国旧书上的眉批,外国书里的marginalia。这种零星随感并非

他们对于整部书的结论。"(《写在人生边上》序)

有钱锺书的话撑腰,书又是自己花钱买的,爱怎么涂就怎么涂,爱怎么写就怎么写。这两天翻1988版《读书随笔》,看到三十年来自己的胡涂乱写,忽然找到了一个堂而皇之的理由。这些涂写既是读书时的一闪念,又有不少日常生活的随感,抄下来自我赶脚(感觉)有点意思。

1988版《读书随笔》是在民族文化宫对面的三味书屋买的。三味书屋至今仍在原址营着业,恐怕这样"历史悠久"的私营书店,绝无仅有了吧。

《读书随笔》一集扉页"其实当年我在三味书屋买下这套书时心中并没有假如现在碰到此类书时按捺不住的痛快一切对于我来讲发现得太晚了一九九五年三月九日夜记其章"涂写就不会按规矩出牌,没有标点,意思却很明白。

扉页下面还有一条"此书现在有重印本在售用纸不一样似乎不如初版挺秀一九九七年四月十三日其章记"。

目录页上方横不棱登有一条"我必须有一张大方书桌用以摆上画册来欣赏"没有日期,一九九几年吧,那几年猛买各种画册,如《明式家具珍赏》《中国鼻烟壶珍赏》《七彩香烟牌》《宜兴紫砂珍赏》。画册老贵老贵,束之高阁,大书桌愿望至今未实现,现在用的是旧门板。

《前记》上方又突兀地一条"普通人的书比不上我的书多我又比不上称之为家的藏书人95,3,10下午"。有病!

丝韦(罗孚)在《前记》里提到一幅画,这里有一篇《书痴》,记的是一幅版画:藏书家,四壁都是直接天花板的书,一位白发老者站在高高的梯顶,腋下夹了一本书,两腿之间又夹了一本书,左手拿了一本书在读,右手又伸手从架上抽出一本书……作者说,他深深地迷恋着这幅画所表现的一切,当然也包括那位白发爱书家。

这段话下面我写有"上礼拜就在书摊上看到一堆明报要价太贵今又细细翻阅挑了封二有此版画的那期画名叫《书蠹》Carl Spitzweg(卡尔·施皮茨韦格)作能不信缘98,6,27黄昏"。叶灵凤《书痴》文内有不同的表述,"不久以前,我从辽远的纽约买来了一张原版的铜刻,作者麦赛尔(Mercier)并不是一位怎样了不起的版画家,价钱也不十分便宜,几乎要花费了十篇这样短文所得的稿费"。与《书蠹》相像的一幅书斋版画,我用作拙作《绕室旅行记》的护封,陆灏见了夸好。

我的涂写也包括画重点线,在《莫泊桑与佛洛贝尔》第一段下面用红笔画线:"无论你所要讲的东西是甚么,能表现它的句子总只有一句,也只有一个动词,一个形容词足以形容它。你必须要寻到这唯一的一句,唯一的动词。唯一的形容词而后已……"这段也划了红线:"对一位作家来说,将一篇已写成的旧稿重新写一遍,往往比另起炉灶写一篇新稿更吃力。"(《焚毁、销毁和遗失的原稿》)

第一句实为写作者的座右铭,却被我们无视和忽视,年复一年,日复一日的文字垃圾堆成了愚蠢之山,我们都习以为常了。

叶灵凤书话之所以甩咱们书话家几条街,这道鸿沟拦在路当间呢——叶灵凤喝洋墨水识洋码子藏洋装书。今天所谓书话家,咱们行么,中国字还没认全呢吧,应知惭愧。

这些涂写有个内在逻辑,我是写此文时发现的。请见此条"夜二更大风东窗未关紧被风吹开花瓶及书吹落于地急下床收拾幸无损伤也95,3,9晨记",摔到地下的书里就有《读书随笔》,因此3月9、10日两天翻这书就对上号了。事情过去了那么久,当夜的情景仍记得特别清楚。老式窗户不如推拉窗方便,好处是通风面积大于推拉窗。城市里的中式房子很少有一面墙全是窗户的,倒是农村的房舍,像我插队地方的房子,朝南的两扇玻璃窗把太阳让进屋里照在炕上暖洋洋。最近我有一本新书,起名《书窗风景》,有一层对窗户的意见没说出来,补在这里吧。

叶灵凤书话含有购书指南的意味,别人是不是这么看我不知道,反正我是这么做的。叶灵凤《藏书印的风趣》里提到的《日本藏书印考》("小野则秋氏的《日本藏书印考》,著录日本古今藏书印的式样,研究日本藏书家印记的渊源和变迁,极为可观,材料和趣味都极丰富。"),我是在潘家园书摊一百元淘到的,至今未见到哪一位提及此书。购后于《读书随笔》上写有"昨天得日文版《日本藏书印考》启发了我可以注意此类日文书因为其中夹杂着汉字断断续续也能猜出其中的意思更有些干脆是汉字一目了然以后逛书摊留意98,8,16夜记老雕虫"。

叶灵凤写道"我很高兴现在我也拥有一部《中国》画册了。我相信在围绕我身边的近万册图书之中,无论从它的内容和份量来说,这本画册无疑是'压卷'之作。"(《一本书的礼赞》)《中国》1959年出版,意义大家都知道的。当年我也挺迷恋《中国》,在叶灵凤这话的上下留有三条"胡桂林君似有此书98,7,20上午临去朝阳国税之前""前天于潘家园见此书索价500元未购罗锅上山之故98,9,3夜""此次小拍以1000元成交2001,9,11夜记"。《中国》品相好的很少见,不是磕碰就是脏污。

刊载叶灵凤谈藏书票文章的几种旧杂志,如《万象》《文艺画报》《现代》《太平》画报,寒舍倒是收集齐全了,也算小小的安慰和弥补(叶氏单行本之收集寒舍真寒酸)。叶灵凤创办的《幻洲》杂志,我这里竟然差不多收全了。若没有这些个罕见的旧杂志,写起叶灵凤来,总感到一些些底气亏欠。

二〇二〇年九月三日

《叶灵凤日记》读后

这几天狂读新鲜出炉余温尚存的《叶灵凤日记》（1943—1974），大呼过瘾，不忍释卷。第一赶脚（感觉）是，与鲁迅论战的文人是一拨人，挨鲁迅骂的文人是另外一拨人。叶灵凤（1904—1975）乃后一拨（类）人里的佼佼者，既挨骂亦回骂，没吃啥大亏，后半辈子于香港安享读书藏书神仙日子。

一、与鲁迅翻脸

《叶灵凤日记》出版策划人卢玮銮（小思）这个主意真是高明——给《叶灵凤日记》加上二千多条笺注。不然的话，白板一块（白文本）的叶氏日记读起来又乏味又多有费解。从书籍装帧的角度来考量，笺注起到了美化版面的作用，并额外增加了更多的信息量。不管别人怎么议论，反正我对小思的工作点赞点赞。如 1951 年 8 月 8 日叶灵凤日记有云："苗秀送《鲁迅书简》来，红布面装订与全集一式。翻阅一过，发现其中颇多关于汉画石刻资料。我与鲁迅翻脸极早，因此从未通过信。也从未交谈过。左联开会时只是对坐互相观望而已。在内山书店也时常相见，但从不招呼。"小思在后面写道"此段该是叶灵凤亲笔写下的二人交恶情况"。左联开会，内山书店，这两条尤其是第一条没人提过吗？对坐观望，怒目还是侧目？（括弧里这段是我后加的，盖我老毛病，文章写得了发给编辑之后，才见到必须要补进去的材料。叶灵凤其实早在《献给鲁迅先生》内写过了："我与鲁迅在各种场合下也先后见过几面，我认识他，他大约也认识我，但是从不曾讲过话。近年偶尔遇见，他老先生虽然'丰采依然'，可是我早已唇不红，齿不白，头发也不光了，我以为早已各捐旧嫌，你印你的木刻，我玩我的藏书票，两不相犯，谁知读了《花边文学》，才知道'天长地久有时尽，此恨绵绵无绝期'，倒使我又要担心起来了。"）

再往前几天的日记翻，翻出了叶氏心态的起伏。8 月 6 日："苗秀来信谓有人有精装本《鲁迅书简》出售，索价二十元，问我要否，踌躇未能即答。"经过一夜思考，思考什么？我哪知道呀，叶灵凤决定花二十块钱来面对历史伤疤。8月7日："复苗秀信，托购《鲁迅书简》。"叶灵凤想的也许是反正"从未通过信"，倒要看看"阴阳脸的老人"在与别人的信里嚼我舌头没有。确实嚼了，但是只嚼了一回，"至于叶灵凤先生，倒是自以为中国的Beardsley（比亚斯莱）的，但他们两人都在上海混，都染了流氓气，所以见得有相似之处了。"（1934年4月9日鲁迅致魏猛克）

叶鲁翻脸，要怪叶灵凤率先爆粗口刷下限。1929年11月叶灵凤的小说《穷愁的自传》里的人物魏日青说："照着老例，起身后我便将十二枚铜元从旧货摊上买来的一册《呐喊》撕下三页到露台上去大便。"鲁迅当时可能没有看到叶灵凤这句冷箭，也可能是别人看到了告诉了鲁迅，总之，五年之后鲁迅才反击："这一回，我的这一封信，大约也要发表的罢，但我记得《戏》周刊上已经发表过曾今可叶灵凤两位先生的文章；叶先生还画了一幅阿Q像，好像我那一本《呐喊》还没有在上茅厕时候用尽，倘不是多年便秘，那一定是又买了一本新的了。"（1934年11月《答〈戏〉周刊编者信》）

其实叶灵凤与鲁迅，二位的艺术趣味颇有同好之处，如木刻版画，如"汉画石刻"。翻看二位日记里的买书记载，木刻版画均为大宗且珍爱一生。叶灵凤就说过："我和鲁迅之间，说来古怪，这是他人所不易看出的，好像有一点冲突，同时又有一点契合。我有一个弱点，喜欢买一点有插图的书和画集放在家里看看，这弱点，他老先生好像也有。但我另有一个弱点，我早年是学过画的，看来技痒便也信手仿作几幅，他老先生虽然也画无常鬼，但对我的画却不肯恭维，于是天下便多事了。"（《献给鲁迅先生》）

二、身在日营心在汉

读《叶灵凤日记》，除了和鲁迅结怨这个关键点看看叶灵凤怎么说的，还有一个关键点，那就是香港沦陷时期叶灵凤的立场。如同所有的名人日记一样，叶灵凤日记亦不免残缺。好像是故意与后世读者的好奇心玩躲猫猫，越是关键的年份日记越是丢失或失记。

香港1941年12月25日沦陷于日寇之手，偏偏这一年及1942年叶灵凤日记整年缺，1943年、1944年和

1945年三年虽然有日记，却断断续续，三年相加不过可怜的十九天日记。很显然叶灵凤玩了猫腻。卢玮銮坦率地表达看法："但是，我拿到日记一读，便发现日记并不齐全，有整年失记，有一年中断记很多，有些只记收入账目。叶灵凤日记因各种原因没写全，也可能因搬家散失了，日记看起来'缺漏'不少。不过某些'缺漏'却可堪玩味，例如沦陷时期的日记很简略，这是因为叶灵凤在日人控制下不能畅所欲言。……而当时叶灵凤表面正式在日本人主持的文化机构工作，为统治者喉舌写社论，多有违心之论。日记中许多话不能说，也理所当然。"

2017年5月我在本报写了《叶灵凤"完璧的藏书票"的怪论》，当时并未理解叶灵凤题目《吞旃随笔》的隐含义。其实早在1986年，卢玮銮即写有《〈吞旃随笔〉是"物证"之一》，内云："虽然明知自己没有什么能力为蒙冤者求得清白，但手边毕竟有一点点'物证'，不妨拿出来给大家看看，或许会引起一些有关人士的记忆，希望终能讨个公道。"

他写道："首先说总题：'吞旃'，典出自《汉书》卷五十四《李广苏建传》，匈奴单于为了迫降苏武，把他幽禁起来,'绝不饮食,天雨雪,武卧齿雪与旃毛并咽之'。据颜师古注:'咽,吞也。'吞旃随笔,分明就表示了取题人的处境及以苏武不屈的自况。……在日治时代,公然白纸黑字印出这些句子来,毕竟是很冒险的,万一日本人懂得这些典故,或一两个中国人不怀好意漏了风声,那就后果堪虞。叶灵凤大概也明白,在沦陷区生活,日后必然有些不易洗清的'污点',尽管自己曾尽力做了些抗日工作,但世事人心难料,要靠别人仗义洗冤,实在渺茫,倒不如亲自伏下一笔,表白自己的处境。"

后期加入《叶灵凤日记》统整编务的许迪锵在与卢玮銮交谈中说:"'汉奸文人'的恶名挂了二三十年才给除掉。……先生身在日营心在汉,您在笺语中已有所提及和暗示了。"卢玮銮说:"我们现在已经不用再计较叶灵凤是不是汉奸,因已有实证他不是。"

许迪锵这句话提醒得很有必要:"不同的读者如有足够的细心,在这本书中应会各有所得者。"

叶灵凤 1965 年 9 月 30 日的日记也许可以佐证"他不

是"吧:"晚,参加周总理在大会堂举行的庆祝国庆国宴。筵开五百余桌。我这是第三次参加国宴了。1957、1964、1965。"叶灵凤真要是那啥的话,也不能够一而再,再而三混迹国宴吧,啥安检呀。

三、孩子生得太多,叶灵凤不能够随心所欲地买书哟

以前只知道叶灵凤爱书如痴,看他书房里插架的都是厚重精装硬壳子洋书,真以为是位"齿白唇红"的阔藏书家呢。读过《叶灵凤日记》之后,叶灵凤的面目得做重要调整,藏书家的名称不变,作家名分不变(称他为"稿匠"亦不妨)。叶灵凤是一位有八个孩子(三男五女)的文人藏书家,以前一点也不知道呀。家累如此沉重,兼顾工作,写稿,买书,读书,应酬,家庭琐事方方面面,叶灵凤好男人形象霍然高大起来。与鲁迅的恶语相向,那是年轻气盛,逞一时口舌之快,可以翻篇了。鲁迅和亲弟弟还翻脸呢,叶灵凤算什么呀。知堂老人看着温厚仁义,翻起脸来下手可重呢。"周沈交恶",骂也骂了,断门也断门了,再利用淫威逼得沈启无没了生路(失业),北京待不了跑去南方(沈启无此时一男一女两娃呢),赶尽杀绝忒过分,啥罪过呀,至于么。

叶灵凤的日记接地气不避俚俗,人情世故跃然纸上,这也是我不忍释卷的原因。如"十时始返。购木瓜四枚,重九斤,价七元余。归后检视,最大的一枚竟是烂的,乡下人真太不老实也"(1952年11月8日)。"今日为中秋节。晚膳略增数篑,中午分月饼,儿辈每人得两枚,皆大欢喜"(1952年10月3日)。"《新中华》送来《雕版史话》稿费壹百元。连日大穷,得此颇可一济燃眉"(1952年9月22日)。"罗四维娶媳妇,今晚在半岛酒店请客,晚上与克臻同去。客人不多,而是餐竟是各自大小分开的,所以很像自己在餐馆里吃了一顿晚餐,不像'喝喜酒'"(1952年8月23日)。"译《拉封丹寓言》数则,因近日副刊缺稿,只好随看随译,现买现卖了"(1952年7月23日)。"家中辞走了一个女用人,整天乱糟糟,吵得不能安心做事"(1952年2月4日)。"圣诞节近了。下午与克臻偕小女三名行街,为大女购红绒大衣一件,价四十八元,又购零星食物。前几天订了一棵圣诞树,少不得添购一些挂在树上的装饰物。小儿女吵着要,只得从俗"(1951年12月8日)。"今日为新生的小女满月之期,日前有些朋友要来做满月,都一一辞谢了。天气太热,劳民伤财,实在可以不必"(1952年5月29日)。"今日为农历十二月初三。儿辈已开始购置农历新年新衣。预算一下,过这个年,约需二千元的额外开支,生活担子愈来愈重也"(1968年1月2日)。"中慧谓将采取旅行结婚方式。七日刊登结婚启事,八日早赴澳门,十日回来。已在坚道租了一间房作新房。一切皆由她自己作主决定,只好任之"(1970年10月28日)。"中绚送来豆腐、黄豆芽、杨花葡萄等,此类蔬菜不吃已许久了"(1970年4月13日)。"中敏送来200元补助家用"(1973年4月14日)。

叶灵凤八个娃,名字里都带一个"中"字,一字排开:中辉、中敏、中慧、中绚、中凯、中健、中美、中娴。

2003年市面上有过一本《叶灵凤传》。作者李广宇先生倾诉"写完《叶灵凤传》的最后一句,我不禁掩面而泣。叶灵凤没能实现为他所喜爱的比亚斯莱作传的愿望,而我这个心愿竟终于实现了。我的落泪,是为了灵凤,也是为自己"。李先生抱怨"由于时空的隔阻,再加上长期以来灵凤所遭受的不公正冷遇,传记素材的匮乏,是可以想见的事情"。李先生后来认为,这本传记实为叶灵凤的文学创作传记。不知道李先生见到《叶灵凤日记》之后,会不会"为灵凤,为自己"再拼上一把。

我对叶灵凤的痴迷,有与李先生一样的地方,即"对于叶灵凤著述的狂热搜求"。叶灵凤主持的期刊杂志,寒舍收藏有一些。《论语》杂志是邵洵美主持的幽默小品文刊物,邵洵美与叶灵凤一个命运,被鲁迅骂得很惨。幸运的是邵叶自己握有话语权的平台(杂志),就拿《论语》来说吧,1936年10月19日鲁迅逝世,前面一期《论语》刊出叶灵凤的《献给鲁迅先生》(洋洋洒洒的清算文字),后面一期《编辑随笔》邵洵美上来就是冷冷地"鲁迅在十月十九日死了"。后面的话就可想而知了,如"他永久带着一张生青碧绿的脸"。我在《献给鲁迅先生》旁用圆珠笔写了一行小字"叶灵凤如果晚写一个月的话便要算作不厚道了"。

二〇二〇年八月二十四日

丁力（石增祚、荦斋）的朋友圈

"丁力"这个名字，太平常了，恐怕同名同姓者成千累万，所以我把这位丁力的曾用名和别号也括弧进来，这样的话，误会的概率应该等于零了吧。

丁力（1918—1953），燕京大学高才生，当过演员也当过导演，所以丁力的朋友圈很大很大，大到能把张爱玲也圈进来，这可不成，姑且先从与丁力过从甚密者说起。

关注丁力很久了，不够二十五年也差不多。起因是我关注的北平藏书家何挹彭（1919—1973）与丁力交谊不浅，丁力居间帮忙给何挹彭与黄裳交换过书刊，这个故事引起我莫大的兴趣。

因此，丁力的朋友圈，我最先知道的是何挹彭和黄裳，其余圈内人容我慢慢说来。

一

何挹彭不像丁力朋友圈的其他人互有交往,何挹彭似乎只与丁力一人来往,相交亦深,至于丁何之交为什么这么深,却不得而知。何挹彭曾言:"今春丁力兄偕其新夫人自海上过访园中。"(《幽思篇》,载1945年2月《杂志》)"新夫人"的名字叫端木兰心,也是个演员。

这本《杂志》的1944年2月号,刊出了"舞台艺术座谈",当时在上海的名演员石挥、韦伟、沈浩、乔奇、韩非、张伐、卫禹平、丹尼、冯喆、蓝蘭等参与,丁力和端木兰心也被邀请了,两个人的名字也是《杂志》主办者特意安排在一起的。大家都是吃开口饭的,座谈会当然冷不了场,丁力发言多且犀利,端木兰心只有一两句话。临散会时,石挥乔奇们起哄似的问什么时候喝丁力端木兰心喜酒。当年若有手机若有微信的话,这些演员都可以算作丁力的朋友圈吧。

丁力与端木兰心的结婚日期，无意之中在1944年3月19日黄裳写给黄宗江的信里获知，"丁力找房子与端木结婚，婚期三月廿一日"（《来燕榭书札》，大象出版社2004年1月出版）。《来燕榭书札》里有几处我随手写的话，或可一记，"二〇〇四年四月十日与国忠卫东同游遗产书店同购此书"，"范用昨天讲手边仍有黄裳信十几封。2004年4月23日"，"黄裳明年即九十矣 2008年2月25日"，"黄裳病故已三年矣 2015年11月30日"。

何挹彭于《聚书脞谈录》中写过与黄裳交换书刊的过程："《古今》创刊后，最初三期，系艺风老人之文孙某君，自沪上带来，由东安市场一书摊代售，为数不多，我仅得第三期一册；至十二期起始在北京行销，每不及买，辄已告罄，于是请友人丁力君在沪为补前面的十几期，中途邮寄时又遗失数册，现在屡有人以重价征求，殆难补齐。其创刊号及第二期，系以《药堂语录》及《药味集》，经丁君之介与楮冠君换来。此十余册当时北方因流传未广，友人中辗转借阅，曾经谢五知之手，其时谢君方为《古今》在北方约稿且代理发行事，据说于此前三期尚付阙如，此亦可记之一端也。"（见《古今》1944年3月第42期）

"楮冠"即黄裳，这又牵出一个有意思的事情，何挹彭交换给黄裳的《药堂语录》和《药味集》，均有了不同途径的下落。青年友人宋希於前让我注意《古今》里黄裳的文章《读〈药堂语录〉》，此文署名"南冠"，也是黄裳笔名之一。文章开头："三十一年十二月十一日晨，往访荦斋兄，在案上见适自北平寄来之《药堂语录》一册，会稽周作人撰，天津庸报社出版者也。知堂著书多系北新所出，战后则只有《秉烛谈》一册。而周氏更有一个时期绝不动笔，此一小册出版于三十年五月十五日，在《药味集》之前，然而却后到手，系托北平朋友买寄。以《古今》一二两期交换得来者也。"

"三十一年十二月十一日晨"与黄裳和黄宗江所言"我和宗江是在'一二·八'周年的日子离沪的""黄裳与我，少年同窗于天津南开……太平洋战争周年日，我们又一同入川"明显对不上茬口。

黄文第二段接着尚有这么一段话，"郭沫若先生去国前有《离沪之前》一文，内多忧危怀念之意，鄙人最近也将离沪，而前途的苦难似更有甚于郭君"。读起《白门秋柳》里的句子，"我和W寂寞的在炉边向火，剥着橘子吃，把橘皮投向炽热的炭上，让它烧出一种很像鸦片的香味来"。我似不该过分纠缠那个小小不言的记忆之误，可是追究"一二·八周年日"的说法到底出自什么目的，这个念头始终挥之不去。近日改变了一下思路，重点读黄宗江的文章，思路一变，真相呼之欲出。发现1993年2月6日黄宗江于《贺黄裳书展》里有这样的表述："太平洋战争周年日，我们又一同入川。"稍后，黄宗江于《忆石挥与蓝马》（载《文汇报·笔会》）中又说："我离沪是1942年12月8日（记得清是因为太平洋战争整一年）。"而黄裳则迟于2004年12月才在《我的集外文》里首次透露："我和宗江是在'一二·八'周年的日子离沪的。路上走了一个多月，一九四三年初到达重庆。"考虑到黄宗江后来的"文艺兵"身份（见《"八一"述怀》），感觉"一二·八周年日"说法，乃黄宗江发端，黄裳附和而已。

饶有趣味的是这本何挹彭交换给黄裳的《药味集》，经过了整整四十年的得而复失，失而复得的流转，最终的归宿，完美！藏书家姜德明讲解了这个神奇的故事："巴金到楼上取来一本旧藏的周作人的书——《药味集》，这是黄裳藏书中缺少的一本,黄裳接过这书很高兴,待他翻开书一看立刻说:'这是我的书么!连周作人当年在老南京老虎桥给我写的这张钢笔字的诗亦在。'那时他作为上海《文汇报》驻南京的记者,专门去采访坐牢的周作人。这真让人意外,连巴老也感到太巧了,巴老回忆,大概是1964年前后,他让上海旧书店为他找一些周作人在敌伪时期出版的书,送来了一捆,放在一个角落里,因为忙始终也没有打开过。好了,现在真正物归原主了。"(《夏日的访问》1982年6月18日)去年,以黄裳旧藏《药味集》为底本的复刻本《药味集》,我有幸获赠一册,仿佛亲自经历了历史的吊诡,虽然原版《药味集》寒舍已有存藏。

黄裳讲过:"那时过从颇密的有南开中学老师李林先生(巴金的哥哥)……此外就是和南开旧友黄宗江等混在一起,经常出入于宗江兄妹所居和平村一号的一角小楼和兰心剧院的绿屋(Green Room)之间,熟人有李德伦、丁力(石增祚)亦即'莘斋'等,过着龚定庵所说'醉梦时多、醒时少'的日子。"(《我的集外文》2004年12月16日)

二

丁力"荦斋"的来历,现在尚不得而知。又是宋希於提醒我《中华周报》里有丁力的报道,真不好意思,寒舍存有整份的《中华周报》和《古今》,却经常"骑驴找驴"。等到写此文时才发现,《中华周报》里几处关于丁力的报道,不知什么时候,我已经夹过条了,如《文飘飘来飘去丁力孙道临吃力不小》《图为孙道临,端木兰心》《图为孙道临,丁力,周翊》《艺海鸳鸯谱:周翊-林默予、顾也鲁-黄成群、崔超明-郭晓美、丁力-端木兰心……》等。可是最要紧的一条《丁力原名石增祚》(载1945年4月1日《中华周报》第2卷第14期),却打了"欠条"。

《丁力原名石增祚》全条如下:

是xx(燕大)西语系的学生,成绩优良得过奖学金。丁力这两个字,凡是看过"南北"戏,全都会留下一个深刻不可磨灭的印象。丁力是"南北"的基本导演和基本演员,过去在上海"国华",极为该社所倚重。丁力自与孙道临先后脱离该社北来后,(丁力合同未满,系请假来者。)

使该社阵容为之一变。丁力为人极诚恳爽直办事尤其认真。

丁力过去是X大西语系的高材生,原名叫做石增祚。因某种关系,差一年未能毕业。他在X大是成绩优良,屡次得到奖学金的学生。一般同学,全喜欢和他交朋友。据说,并且还有几位小姐在追逐他。可是丁力因为环境的关系,只是知道用功,并不作其他之想。他的事情很多,可是我抱歉的很,只告诉诸位:丁力的原名,是叫石增祚。

丁力的朋友圈,最初是从燕京大学的同窗好友里开展起来,姑称作"同学圈",后来才扩展到演艺圈。《孙道临传》(2013年8月上海人民出版社)里面好几处提到丁力,"这时,有人劝孙道临与黄宗江再加盟还很活跃的'南北剧社',黄宗英此时是那里的台柱子,导演丁力演员于是之又是孙道临与黄宗江的好友,但是两个人都谢绝了。孙道临想潜下心来认真读书,弥补一下八年来颠沛流离带来的文化上的不足","焦菊隐先生看了剧本,同意把《大团圆》作为艺术馆的排练剧目,还把黄宗江从马厂接到西郊演剧七队住的楼上居住。黄宗江把电影剧本改成了一部四幕话剧,导演确定为二十八岁的丁力,也是孙道临与黄宗江燕大的同学，和黄宗江同班读西语系，原名石增祚，后来不幸英年早逝"，"当时金山正在筹办清华影业公司，而且已在上海建设拍摄基地。他不但对《大团圆》的剧目满意，对整个创作班底也寄予厚望，很想在大家自愿的原则下把此剧的原班人马——包括编剧、导演、美工、音乐等，当然更有全体演员，一锅端全部迁沪，作为清华影业公司的班底"，"清华公司打头炮的戏，就是《大团圆》。导演还是丁力，丁力是第一次拍电影。孙道临在片中继续扮演三弟。在这部影片中，除了卫禹平、吴茵等知名演员外，金山还起用了不少初登银幕的舞台演员，如路曦、凌珀如、程述尧，也包括孙道临。《大团圆》是一部群戏，没有什么离奇情节，契诃夫味道很浓。金山敢于以这部戏作为开门第一炮，并重用这么多新人，足见他艺术事业家的胆识和气魄"。

三

话剧版《大团圆》错过了就永远错过了，话剧属于一次性的艺术，不如电影能够长久地留存。如今在网络上可以轻易地看到1948年金山出资、丁力导演的电影《大团圆》,所有的演职人员全部可以算进丁力的朋友圈吧。险些又一次"骑驴找驴",电影《大团圆》说明书就在手边呀。电影大家都看得到,可是电影说明书未见得人尽可读吧。

《大团圆》说明书,四页八面,首页就不介绍了,那么大的字"导演丁力"!第二面,有丁力和黄宗江的玉照,说实话,真是惭愧,我关注丁力其人二十余载,其尊容我也是写这篇小文时才注意到。拍戏时,丁力开蓝马(1915—1976)的玩笑,说蓝马"又黑又矮",蓝马嘴荏子多快呀,立马回击:"你不黑,你不过是深灰色罢了,矮吗,你也不矮,你只是尺寸不够点儿。"

说起蓝马,插上一段往事。我姐姐中学时有一位姓孙的同学,俩人非常要好,形影不离,赶上饭口就留下来吃饭。孙同学的舅舅是蓝马,孙同学有个哥哥有个弟弟,弟弟长相酷似蓝马,但是人比蓝马木讷多了(也许生活中的蓝马也木讷)。哥哥却很顽皮,经常恶作剧,如将一盆水放在半开的门上,谁要是推门而入,灭顶之灾势不可免。孙同学与我姐一起去延安插队,孙同学在延安交了男朋友。这位男朋友在劳动之余学习微积分,因此1977年恢复高考时轻松考上大学,几年之后留美,现在成为一位重要的物理学家。2015年我姐姐病逝,孙同学从美国给我打了两次电话,非常难过。

《大团圆》里的演员程述尧(1916—1992),当过黄宗英的第二任丈夫,当过上官云珠的第三任。知道了这些背景再返回去看电影,人世无常的感觉不能不有。卫禹平(1920—1988),我太喜欢他的表演了,这个喜欢不是在《大团圆》里,而是1955年反特电影《天罗地网》里的代号"7号"的美蒋派遣特务郭浩。那个时代的电影有一个规律,坏人都比好人演技高,卫禹平又比其他特务高出一等。《天罗地网》里我方侦察员王英由陈天国(1912—1967)扮演,陈天国乃秦怡第一任丈夫,1967年12月陈天国于杭州灵隐寺吊死在一棵大树上。具体哪棵树不得而知,难免不想起吊死崇祯皇帝的那棵树。李浣青(1923—1987),在《大团圆》里戏份不多,只是个孙道临单相思的表姐,晃来晃去,一前一后没几个镜头。我印象深的是李浣青在1957年《羊城暗哨》里扮演的陈医生太太,她说话的声音一听就能听出来。石羽(1914—2008),一派正面人物的形象,却在《风暴》(1959年)和《革命家庭》(1961年)里扮演反面人物。1948年费穆导演的《小城之春》，石羽扮演的戴礼言，应该算作一个中间人物，也许是石羽的巅峰之作。

生于1918年（一说1922年）的韦伟，也许是丁力朋友圈如今还在世的一位，不说唯一，因为《大团圆》里两位小演员也许还健在呢。丁力青年才俊，可是姜还是老的辣，《大团圆》与同年费穆（1906—1951）导演的《小城之春》，完全不在一条水平线。1948年几乎同时上映的这两部电影，同时出现在这两部片子里的韦伟和石羽，为何差距如此惊人，显然要归因于导演和剧本的差距。说到剧本，黄宗江青年才俊，却不如年龄相仿的鬼才李天济（1921—1995）。如果没有李天济创作的独具风格的《小城之春》剧本，电影就是拍出来也不会如此令人回味，尤其是韦伟的旁白和剧中人的对白，简直了！简直到无以复加。手边即有《小城之春》的对白本，不服来战。李天济演技亦佳，请看电影《乌鸦与麻雀》（1949年），请看20世纪90年代的电视连续剧《围城》。

《大团圆》说明书的封底是一组名为《大团圆北平外景》的照片。这组照片令人惆怅极了，原汁原味的古城风

丁力执导的电影《大团圆》说明书，内有多幅珍贵的古都北京旧迹

貌啊。图片说明值得一字不落地抄录:

《大团圆》的故事是发生在古老的北平城里,外景部分,都是实地摄制的,就是内景,搭的北平四合院,也是完全仿照北平城里的房屋建筑。

北平风景,素为我们江南人所想望的,如今都可以在《大团圆》中领略一二了。这里刊出了几张拍摄外景时摄取的照片,都是银幕上所看不到的。

上图是北平中山公园上林春茶馆,导演丁力(正中以背相对的)与布景设计李思杰正在讨论布景,一边他的太太端木兰心和孙道临静静地坐在一旁。下图李思杰在中山公园门首考察北平住房四合院的外型构造。左面上图摄在卢沟桥畔,摄影师冯四知背后石碑是"卢沟晓月"。下图是卢沟桥远景。中图韦伟,卫禹平骑车出西长安街三座门。

上述古城北平旧迹,除了西长安街三座门(1951年拆除)均安然无恙。余生虽晚,中山公园和卢沟桥还是很熟悉的,自家老照相簿里有一张中山公园茶座的照片,幼小的我坐在藤椅上，脚还够不着地呢。

《孙道临传》里有一段说道："《大团圆》命运多难，此片涉及进步学生去延安投奔革命的内容，为当局所不容，此片上演不久便因为政治原因遭禁。"电影里有国共和谈时期一身戎装的马歇尔和一身戎装的周恩来的镜头，虽然只有十来秒钟，周恩来神采飞扬，惊鸿一瞥，我倒来倒去看了好几遍。

来说几句归纳的话吧，丁力的朋友圈有这么几圈。藏书圈：何挹彭、黄裳、宋奇即宋淇（林以亮）。同学圈：黄宗江、孙道临、李德伦。演艺圈：金山、于是之、蓝马、陈述等几十号人。前面说到张爱玲也可以算作丁力的朋友圈，此话有一点儿夸张，也有一点儿事实依据，是这么个原因：张爱玲1944年改编自己的小说《倾城之恋》为话剧，其中四奶奶的角色由端木兰心来演，这就有了一种可能，丁力来探班的时候，免不了和张爱玲寒暄几句。这不是什么牵强的乱猜，丁力在《杂志》上写有《唐突了冯乐山》，张爱玲写剧本自然要关注话剧界的动态，何况小说《倾城之恋》首发也是在《杂志》上。张爱玲能够注意到石挥出演的《秋海棠》,或许余光就能够注意到丁力出演的《家》。韦伟于《倾城之恋》中演的是徐太太这个角色,按照"朋友的朋友"的逻辑,如果写"韦伟的朋友圈",不是既有张爱玲又有丁力么。

丁力一九四九年后的情形,黄裳记录的最多,可以翻翻《五十年前的十月》(《来燕榭文存》,三联书店2009年1月版),那时黄裳与丁力主持《新晚报》的《新影剧》副刊,又是朋友又是同事。此条请注意"十月二十六日……DD'S遇巴公夫妇,丁力亦在。晚到巴家谈,吃蟹"。丁力有了新的朋友圈。

丁力的生命只有短暂的35年,具体的情形,孙道临说过:"哪知1947年夏从燕大毕业后,重返舞台已不那么容易了,幸而当年冬天,焦菊隐先生在北平组织了一个艺术馆,内设京剧队和话剧队,话剧队第一个戏就准备排黄宗江的新作《大团圆》。……导演是丁力,他也是我燕大的同学,和宗江同班读西语系。丁原名石增祚,解放后在上海人艺任导演,排了《四十年的愿望》等剧,很有才华,不幸于1953年因风湿性心脏病逝世。"(《孙道临自述》,

北京大学出版社2011年9月版）1953年这个年头，如果《青青电影》没有停刊的话，也许会有一条丁力病逝的消息。

二〇二〇年三月五日

李景慈鬻书易米

《李景慈日记》(一九四九年十二月—一九六五年十二月)新近出版,先睹为快的心情,我可能较他人更急迫。我对李景慈前半生的文学生涯知之较多,报章上他的各种文章,尤其是《北平市场上的单行本》《这一年北平的杂志界》非常具有资料性,而且非李景慈来写不可,不作第二人想。李景慈雅好藏书,编过杂志,对于清末民初的出版史料如数家珍。对于李景慈的生平事迹,本报(《藏书报》)刊载过杨良志先生的文章,已经有了详细的叙述,杨良志与晚年李景慈曾经在出版社共事。我就略过这些,拣另外一些不为人知的小事情来说说《李景慈日记》。李景慈不是那种闻名遐迩的人物,他的日记更近乎流水账,口头语加大白话,字缝里富含人世间的况味。

李景慈现在不是名人,年轻时代却是小有名气的作家呢，1941年9月7日《新北京报》报道了李景慈婚礼并配有照片。这张照片如今作为插图出现在《李景慈日记》里，比之报纸当然清楚多了。说起本书的某些照片，我是可以做一点图解注释之类，现在略去不说吧。只说那一张家庭照《1951年，李景慈、王慧敏夫妇和大女儿美琳、二女儿美瑛、三女儿美琦》。三女儿美琦在中国书店当过经理，精明干练，我的《光化》合订本是在她店里买的。还曾经好奇地问过她李景慈藏书的去处，结果是可想而知的。与李经理打过交道的读者太多了，我讲的这些不足为奇，奇巧的事情发生在《李景慈日记》里。

1957年7月14日（星期日）上午琦考石驸马小学，完了去陶然亭。

1957年9月1日（星期日）阴云开学了，琦上了石驸马二小一年级。买菜难，早晨为买小白菜去石驸马大街排队二小时。

天啊！我的小学母校就是石驸马二小呀，我和李美琦是校友呀，早点知道这层关系，当年买旧书得给我多打折呀。石驸马二小校址原为熊希龄故居,王府式的深宅大院,顶里面的后院是幼儿园,算起来我的幼小教育九年都是王府里完成的。李美琦的幼儿园,《李景慈日记》说"1955年8月10日(星期三)几个孩子考了学校:美琳到女三中,美瑛到二驸小,美琦到全瑞幼儿园"。用现在的话来说,我算"直升",而李美琦是考进石驸马二小的。我想,李景慈的几个女儿能够看到正式出版的父亲日记,自己是如何一步一步成长的,这样的人生穿越体验多么奇特!

李景慈夫妇三个孩子,在当时是"标配",日子尚过得去,可再多一个女儿"美瑜",这"四千金"就有压力了。我是"50后",所以对李景慈的经济压力门儿清,以我家为例吧,父母双职工,工资170元,五个孩子,外加一个保姆(一个月开20块),人均生活费20块,日子能不紧巴么。年景不济,用钱的地方却有增无减,家里就该寻思卖东西了,知识分子身无长物,一下手卖首当其冲便是书刊了。我随父亲到旧书店卖过几回书,年少无知,还认为挺好玩,全然不知父亲的心情。

李景慈最先卖的不是书刊,而是自行车。"1958年10

月3日（星期五）晴自行车委托卖出去了，得洋55.80元。"卖了自行车后李景慈还有车骑。"七点起，骑车去永定门外红旗社参加掰棒子的义务劳动。"（1958年10月5日）委托商店相当于旧社会的当铺，现在已绝迹。1958年是个"大跃进"的年代。

1959年2月1日，李景慈日记里第一次卖书，也难怪，四千金正是费钱的时候，"中午起收拾旧书报，称斤论两，卖了十几斤，得五元六角八分，晚上又到商场卖了一部分，得了七元六角，年前这几天就靠这些书本过日子"。这十几块钱转手就买米买面，"二十斤好米、十斤面、二斤江米"。还是因为春节的特别供给。李景慈收藏有很多民国旧版书刊，我想，还没到动宝贝念头的时候吧。一个半月后的3月15日，"回来收拾废物，破纸乱纸弄了两大篮，卖了一元七角多"。3月19日，"家里找破烂卖废品。星期日还得找东西去卖。今天半个多月，已剩下十几块钱了"。

"月光族"乃现在的词，"一月收入一月花光"，多指单身青年，挣多多花，挣少少花，尽可任性，"一人吃饱全家不饿"。李景慈那时操持一家六张嘴,隔三岔五,不卖点东西,日子就撑不下去。8月2日,"月初即月末的星期日,照例是找些旧书来卖,接济这几日生活,今天早晨弄出几套书来,这次是去中国书店东单店卖了,满满一书包也只值三元六角钱,大半是关于苏联文学的较早的译本"。9月18日,"晚上去西单商场,想去卖旧书,过这半个月的生活"。李景慈家住宣武门内大街与石驸马大街之间,这是我的推测。李景慈父母住东城达教胡同(原名大脚胡同)。为什么一会儿就近一会儿就远地卖旧书报,我猜原因,一个是顺路一个是价给得高吧。另外,卖给收废品的与卖给中国书店,是两回事,李景慈很懂"货卖识家"。

可怜天下父母心。

1960年之后的几年,鬻书易米,常态化矣。

"节前,无钱,卖《大众电影》五年。"(按困难时期许多半月刊为节约开支改为月刊,《大众电影》五年至少是60期。)"上午:无钱,找几本书卖给中国书店,得洋贰元三角八分，可过这两天。"（按：这几本书没上称估计是按折扣给的。）这条卖书日记接着记道："找顾视，想借一些汉奸文艺刊物，以便回忆过去的事，检查和批判。得《中国文学》一至十一期全部，有我未收的文章或一些短讯。"（按：沦陷时期所出刊物背景复杂各有不同，不宜一概简单化。）李景慈生活困境难以改善，另有一个小原因，他一边卖书，一边还在买书，如"去国子监买旧书"。（按：国子监可是凭介绍信方能进入的高级内部古旧书宝库，姜德明文章有过描写。）左手进右手出，文人积习，改亦难。

买书会上瘾，卖书也会上瘾，这不，"收拾旧书，准备变卖书橱"。原来我以为李景慈舍不得卖民国书刊，看来底线守不住了，"卖杂志，旧的，新的……""没钱买面，忍心整理旧书，把《记丁玲》等解放前的书十几种和《人民文学》等期刊，捡出，卖了 7.61 元，买面 15 斤 2.76 元"。

对于我来讲有特别意味的是这则"卖书记"，1963 年 5 月 29 日："晚上无事回来了。翻旧杂志书籍，八点拿去商场卖给马文光，《中流》一本六角，《人间世》二册各三角，共卖了四元三角二分，明日得买面。"黎烈文主编的《中流》，林语堂主编的《人间世》，寒舍存有全份，见之尤亲切，顾不上李景慈的洒泪挥别了。

《李景慈日记》是时代的一面侧影，悠悠岁月，欲说当年好困惑，悲欢离合，都曾经有过，这样执着，只因人书情未了。

二〇二〇年十一月二日

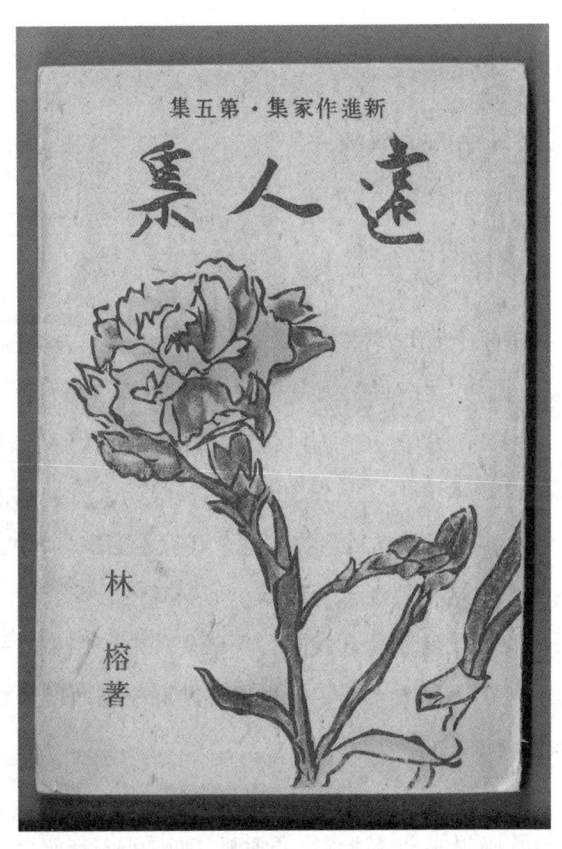

林榕即李景慈,《远人集》一九四三年北平新民印书馆出版

爱读梁又铭的抗战画

二十几年前买到过一堆老画报，其中有《良友》画报、《大众》画报、《时代》画报、《中华》画报和今天我要重点讲的梁又铭参与编务的《文华》画报。画报画报，当然是以图画美术为主文字为辅了，用旧眼光来看，画报属于不登大雅之堂的通俗读物。这个观点不能算多大的错，可是我想说这个观点未免像戴了一副有色眼镜。近现代画报具有文化启蒙和开发心智等诸多功效，如果换一种读法，戴上一副放大镜，画报里有内涵的东西就会显现出来。

近代画报完全是请画家来画画，如《点石斋画报》请的主笔画家是吴友如（？—1894），这是时代的局限，没法子。等到摄影发明发达起来，画报的内容绘画和摄影就各占半壁江山了，如果再加上文字作品，便是三足鼎立三

梁又铭巧借王维诗"见说云中擒黠虏,始知天上有将军"来作画题

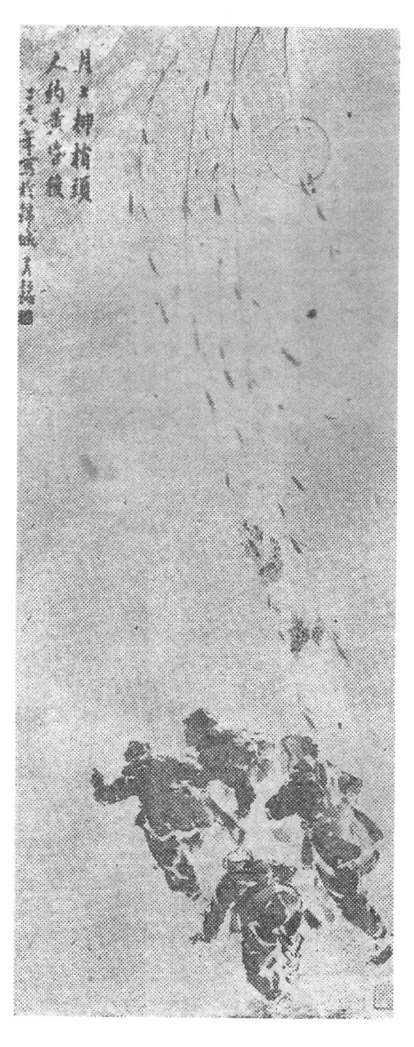

"月上柳梢头,人约黄昏后"这里指的是游击队趁着夜色去袭扰敌军

分天下，读者选择面也多了起来，阅读画报自然而然地进入了读书的范畴，这不应该有什么疑问的。另外，笔者还有一个观点，收藏应该与写作结合起来，边藏边写，这样的话，收藏才算没白忙活。

前面说的这些画报，只有《文华》画报我一篇没有写过，也就是说没有一点儿细读，最近一个偶然的机会，忽然对《文华》有了莫大之兴趣。这个兴趣却完全来自梁又铭的画给我的震动。这些画并非来自《文华》（1929—1935，总出54期），而是《文华》停刊之后梁又铭创作的一系列专题画，如抗战，如古代英烈。

梁又铭（1906—1984）的父亲乃一员武将，服役于清朝北洋海军四十年，生养二女四男。长兄砥中，二兄鼎铭，梁又铭与四弟中铭是双胞胎。鼎铭，又铭，中铭三兄弟一生致力于绘画事业，时称"梁家三杰"。三杰以梁鼎铭为主干，又铭、中铭亦具天赋异禀，齐头并进。西风东渐，因此，梁家三杰所习绘事中西兼顾，于传统国画层面，人物、山水、鸟兽、花卉无一不精；在西画层面，举凡油画、水彩、素描、版画各项无一不通。

梁家三兄弟于艺坛画界打出一片天地,得益于当时迅猛发展的画报业,有了画报这块传播利器,三兄弟如龙入海,大施拳脚,先后参与了《革命画报》《图画京报》《中央画刊》《文华》画报。梁鼎铭(1895—1959)经历了北伐战争以后,画风为之一变,开始画战争题材的画,著名的《惠州战迹图》就是在梁又铭协助下画成的。当年我对北伐战争乏兴趣,看到《文华》上面老是登这一类的画很是漠视呢,迟至今日才读出好来。

梁又铭留名画坛的不朽之作当为《空军抗战画史》,应是艺术界前无古人的一个创新题材。梁又铭在这二十来幅空战图画里融会了中西绘画技法,完全突破了泥古不化的陈规戒律,虽然笔者仍旧不甚喜欢,原因是画面里缺少鲜明的人物形象,钢铁飞侠满天空地轰来轰去。

前面提到的"偶然机会"在这里该透露一二了。近日闭门落窗,以翻阅旧书报破闷,忽然见到一文《梁又铭的抗战画》,作者"大华烈士"即简又文(1896—1978)。简又文说:"在国难期间,南北画家为适应时代精神和完满艺术使命,多有以抗战事迹为题材者。"抗战图画见过不少,以宣传画和漫画为多,可是正如简又文所说:"然而写抗战画是极不容易的事。其基要条件有二:即优美和真实是已。或有优美而不真实,或有真实而不优美的,皆不能称为满意的和成功的。这两条件呈出两个困难问题:一是技术,次是经验。尝见有些画家,在技术上无疑地已臻上乘,可是没有战事的实际经验,只凭一股爱国热忱而虚构关于抗战的人物,或事迹。幻想当然远离真实,所以作品虽优矣美矣,无奈画面不能表现出真相,效力亦不能动人,殊难称为佳作。"抗战期间画界不能说不奋起,技法不能说不高超,可是大多数作品闭门造车,恰如简又文批评那样"难称佳作",让我来评的话,大多数作品均为平庸之作。

简又文评完"闭门造车派"又来评"眼高手低派":"反之,有些从战场回来,曾亲见亲历战事,或与战事有密切关系而得直接的经验者,其写生画固甚真实矣,但可惜技术未精,作品不美——或则写生而不生动逼真,尤其人体与表现及动作,或则俗而不雅,或则于构图、笔触、敷色、气韵,各有所短,掩其所长。是故,想求得一个完善的抗战画家,真是戛戛其难。"要我来说,甘蔗没有两头甜,两者求一,宁可舍技术而求真实,前提是你不能画得太烂。简又文稍后于《再谈抗战画》文章中平衡了一下自己的观点:"我曾言抗战画必须具有优美的技术和真实的描写两大条件。但是前者易得,后者难能,因为纵使艺术家有百分之百的爱国热诚,却不容易得机会亲到战场去作速写,以此执责他们,是不公道的。"

梁又铭的抗战画不但于国内大受欢迎,而且远赴苏联莫斯科举办展览。在香港展览时引起了简又文的关注:"最近,有一位岭南画家梁又铭,从成都携其抗战作品百余张到香港来展览,先后开会二次,哄动一时,中西人士参观者极众,多啧啧称善,中西报上所刊评语亦甚佳。我也去看过他的作品,兼与他讨论过抗战画的种种困难问题。我觉得这位画人的成绩比较上是优异的,值得仔细研究和述评的。原因无他,就是他完满了刚才所陈出的两个条件至能达到高过可以过得去的程度。"

简又文乃太平天国研究专家,哪里知道他的美术鉴赏力是这么高,评论是这么中肯,态度又是这么诚恳,"论到梁氏的技术,他是习洋画出身的,对于写生,透视,表现,敷色等技巧,都有稳固的基础,足为表现他高尚的爱

梁又铭画过多幅抗战时期的空战画

国情愫和实际所见的真际之工具。在国画方面,他也有相当的研究和成就。但老实而言,两者相比,他的国画修养还不能说是造诣已深……如线条之未大遒劲,人物之未能脱俗,章法之未全谐洽,气韵之未臻高妙"。

纯粹一个艺术门外汉的我,却偏偏有一种欣赏眼光与简又文相同,"梁君还有一优点可颂可贺的,就是他欢喜而且善于运用古人爱国保种的诗句以题其作品,也许是先选名句为题目而后发挥其意义于画面的"。

梁又铭题古人诗句的抗战画,越品越回味悠远,我喜欢极了,排第一的是《不闻爷娘唤女声》,对视画面,怎能不顺口吟出《木兰辞》的意境:"旦辞爷娘去,暮宿黄河边,不闻爷娘唤女声,但闻黄河流水鸣溅溅。旦辞黄河去,暮至黑山头,不闻爷娘唤女声,但闻燕山胡骑鸣啾啾。"

二〇二〇年三月二十三日

梁又铭抗战画里我顶喜欢这幅《不闻爷娘唤女声》

唐大郎诗文里的小掌故

我知道唐大郎不算晚,早年间收藏《晶报》《社会日报》《金钢钻》《亦报》《大家》等报刊时就熟悉了这位"江南第一枝笔"的"小报文人"。我一直不是"唐粉",总有个印象,唐大郎"油腔滑调"的模样和文字,不如"补白大王"郑逸梅令人肃然起敬,按说唐大郎与郑逸梅是同行呢,只不过入行早晚而已。这个不好的印象,这两天完全颠倒过来了。张伟先生快递来他和他的上海图书馆同事祝淳翔先生合编的《唐大郎纪念集》,连着两个晚上,我全力攻读这本五百多页的大书。

《唐大郎纪念集》,前半部为"纪念文选",后半部为唐大郎"诗文选"。现在略过"纪念文选",直奔唐大郎诗文里的小掌故。所谓"掌故",实为我插得上话的一点儿小故事。"诗文选"十四万字(仅为唐大郎笔墨生涯四百余万字的三十分之一),等到唐大郎"全部文字"出齐之时,够我忙活的。

1935年7月8日《铁报》载唐大郎《袁美云写手册》,内云:"有人在联华公司遇陈嘉震君,陈告以新居地址,其人乃录之于手中所持之《联华年鉴》中。后其人又赴艺华,乃晤袁美云女士,袁欲一读《联华年鉴》,其人忽告美云曰,刚才,刚才我见到陈嘉震的,袁闻言已,不觉噗哧一笑,而不知其会意乃何如也。"

袁美云(1917—1999),二十世纪三十年代上海女明星,签约艺华影业公司。陈嘉震(1912—1936),因拍摄电影明星照片,尤其是女明星而名声大噪。陈嘉震曾经追求袁美云,"噗哧一笑"就是这个事。

1935年9月16日《铁报》载唐大郎《嘉震来访豆腐记号》,有云:"前夜一宵未眠,朝暾既上,始入睡乡。九时,陈嘉震兄来访,携一稿,嘱转听潮,盖于貂斑华扫除一文,有所辩正也。余倦极,撑惺忪之眼,见嘉震立于床前,而模糊不辨其面目,第觉有一派可怜之色,笼罩其身。嗟夫，随星之人，而精神上之损失，于夫自身之一切烦恼，乃使今日之吾友嘉震，将悉数丧失其青春矣。余无一慰之，及其去，亦不遑谈几句话也。"

陈嘉震利用"职务之便"，追求袁美云未果，转而与电影明星貂斑华（1913—1941）交好，已经到了谈婚论嫁这一步，订婚启事也已预定在1935年8月8日《申报》刊出。万没料到，一夜之间，陈貂"婚变"，内情扑朔迷离，竟至打起官司。虽然陈嘉震胜了官司，却如唐大郎预言之结果，一年后的8月16日，陈嘉震病逝，年仅24岁。多情善变的貂斑华结局也没好到哪去，1941年8月15日病逝，年仅28岁。

1935年10月14日《社会日报》载唐大郎《宇宙风"文明"礼》，内云："人间毕竟今何世？宇宙吹来怪好风。记得当头天笑语，三堂会审莫装疯。旧剧中有《宇宙锋》，亦剑名也。今之《宇宙风》，不过谐其声而已，包天笑先生曰：'三堂会审宇宙风。'三堂者，知堂老人，林语堂与郭沫若之笔名鼎堂也。甚趣，故记之入诗。"

林语堂主办的三本小品散文杂志《论语》《人间世》

《宇宙风》,《宇宙风》最晚,1935年9月16日出版创刊第一期。"三堂"之外的名作家还有胡适、郁达夫、冰心、丰子恺、老舍、朱自清等。鲁迅对于林语堂的刊物一向看不大起,曾评论云:"至于《人间世》之类,则本是麻醉品,其流行亦意中事,与中国人之好吸鸦片相同也。"

1937年8月30日《社会日报》载唐大郎《祸国诗人黄秋岳》,有云:"诗人黄秋岳,顷以叛国伏诛矣。斯人而与斯役,天下事有不可以恒情度者。愚未尝识其人,第折服其诗文之美,清微幽远,如温肃佳人,书法尤胜,上海某笺纸行,陈其件最多,徘徊嗟赏,不肯遽行。"

黄秋岳8月26日被枪毙(一说砍头),三天之后唐大郎的文章便登了出来,这是报纸的效率。黄秋岳遗著《花随人圣庵摭忆》1943年出版,印数仅百部。友人陆昕1992年曾于旧书店见一部此书,称"满纸有批语",以价昂(200元)未购。我只知道藏书家姜德明藏有此书,友人宋希於新近得此书,未得书之前却已撰有《"花随人圣盦"得名由来》。

1938年12月28日《社会日报》载唐大郎《暂醉佳人锦瑟旁》，内云："耶诞之夜，丁慕琴先生府上，集艺苑名流，复极裙屐翩跹之盛。丁夫人入厨。以烹调法手，来餍佳宾，坐两席，席上人遂纵酒。""画家周錬霞女士，雪艳、楚珩与文娟、韵秋、云霞先后至。錬霞知愚之力扬素琴……""錬霞曾观雪艳演虢国夫人……""惜錬霞已去，否则见此佳人暂醉之状，亦绝妙之诗画才也。"

那个年头，上海已陷入"孤岛"时期，舞照跳，歌照唱，丁慕琴（丁悚，丁聪之父）的"丁家客厅""丁家文艺沙龙"照样高朋满座。周錬霞（1908—2000）的名字出现了五次，同龄的唐大郎一口一个"錬霞"，亲熟得很。如果统计唐大郎所有诗文，周錬霞的频率名列前茅。

1939年3月17日《社会日报》载唐大郎《郁达夫之毁家诗》，内云："新作家之能旧诗者，不乏其人，然佳者勿多遘，郁达夫一人而已，田寿昌自有豪气，然不得谓工也。""昨年与夫人王映霞之离缘，有毁家诗数十章，亦多胜语，殆所谓情至便成好句也。近期《大风》旬刊上，载达夫《毁家诗记》一文，其诗大半已刊之本报，未加诠释，被人轻轻读过，不知此中血泪吟成也。"

郁达夫《毁家诗纪》最早刊布于1939年3月5日出版之《大风》旬刊第三十期，唐大郎及时跟进，语气得体，评论得当，全无小报记者"看热闹不嫌事大"的陋习。

1941年7月24日《东方日报》载唐大郎《写扇页》，其一节云："在《万象》开始征稿的时候，蝶衣兄同一位新近作家商谈，新作家问蝶衣道，你预备印多少，蝶衣说至少三千，此人大摇厥首，窃期期以为不可的说道：打一个八折之外，还要防批销处退下来。及此《万象》第一期五千册销尽之后，蝶衣写封信给那位新作家，说我们又在再版五千册了。蝶衣认为是'得意之作'，而他近来的兴奋，也可想而知。"

陈蝶衣创办《万象》，一时洛阳纸贵，不外两个原因，一是玲珑小巧的外形，见多识广的上海人也惊艳了。二是久违了的鸳蝴气息披上新装还了魂。寒斋收藏有全套《万象》，创刊号已是第三版，可见新作家低估了鸳鸯蝴蝶文学卷土重来的力量。

1942年6月28日《东方日报》载唐大郎《晚蘋与鍊霞》，全文照录："昨日，晚蘋与鍊霞伉俪，同贺友人婚礼。礼毕，鍊霞与一女友先行。晚蘋则赴大东，招陈翠钿侍坐，至七时赴友人之宴，席上有秋翁夫妇及愚夫妇等。少顷，秋翁忽得一电话，听之，则鍊霞也。鍊霞问曰：晚蘋在乎？秋翁曰：在。鍊霞又曰：请平先生直言（秋翁姓平），晚蘋亦有一舞女同来乎？于是秋翁大窘，嚅嗫不敢出言，则唯唯否否，似阶下囚之'余供支吾'也。鍊霞又曰：然则我亦可来邪？秋翁曰：来可也。鍊霞又曰：汝言可，不知晚蘋亦许我来乎？请令晚蘋来与我说话也。秋翁悚然下，面色惨白，似大祸将降临其身者。晚蘋往听电话，俄顷即下，谓鍊霞顷刻至矣。不十分钟，鍊霞果至，翠钿鞠躬为礼曰：过房娘。鍊霞笑而允之，乃同饭，饭已又同入舞场。秋翁不解，谓顷者鍊霞汹汹然，及其既至，则风静浪平，初无异兆，是何故欤？晚蘋曰：渠固知我携翠钿赴宴也。特以此故戏秋翁耳！秋翁哑然。愚为绝倒，盖鍊霞真是老豆腐，故能吃得惊才绝艳之秋翁主人，七荤八素也。"

真是一出绝妙小品戏，用今天的话来讲，唐大郎不愧段子高手。晚蘋者，徐晚蘋，舞池健将。周鍊霞才貌双绝，慧心妙舌，那些老男人吃她豆腐，她亦不恼。这个段子，可称为反吃豆腐耳。

1943年1月16日《海报》载唐大郎《石挥与张伐》，内云："石挥与张伐在《秋海棠》里，既派为AB制；张伐不断地揣摸这一个角色的个性，所以他有一次代石挥而上去了。台底下不是话剧的老观众，固然分不出此人不是石挥，而对于张伐的演技，一致加以叹赏；便是曾经看过石挥的，也因为张伐的戏演得那么熟练，并不疑心他不是石挥。"

石挥（1915—1957）和张伐（1919—2001）均是老戏骨，石挥更被誉为"话剧皇帝"。张伐的另一项成就鲜为人知，《列宁在十月》和《列宁在一九一八》给列宁配音的就是张伐。石挥在《杂志》（1943年）上写有《秋海棠演出手记》《不是论战谈AB制之再检讨》《天涯海角篇》，张伐写有《谈性格的创造》《从过火与不够说起》。

1943年2月27日《海报》载唐大郎《记潘柳黛》，内云："潘柳黛为北平人，辍学后，投身新闻界，于二年前，自故都而趋白下，为各报著文稿，文都可诵，不久遂驰妙誉。尝游东瀛，其以何任务？则不获知。今正式就事于《华文每日》，故于二三月前，又自白下来海壖矣。""其人体肥，肌肉极坚实，乃谂其健康实逾于恒人。又健谈，说流利之京白，滔滔若江河之决，谓来沪以后，愿多识艺苑胜流。""潘亦修饰，愚坐其身畔有香气袭人，非花非麝，而如浓烈之巧克力。"

常言道"不是冤家不聚头"，潘柳黛（1920—2001）来上海滩寻发展，张爱玲亦文坛新人，本来相安无事，潘柳黛无端地说了这么一段话："胡兰成说张爱玲有贵族血液——因为她父亲讨的老婆是李鸿章的外孙女，她是李鸿章的外重孙女——其实这点关系就好像太平洋里淹死一只鸡，上海人吃黄浦江的自来水，便自说自话说是'喝鸡汤'的距离一样。八竿子打不着的一点亲戚关系。"噎得张爱玲够呛。张爱玲何曾挨过这样的瘪，像潘柳黛这么犀利的嘲讽她是经不住的，她的回击罕见地软绵："她（潘柳黛）的眼睛总使我想起'涎瞪瞪'这几字。""八竿子打不着"，典型的京片子。

1943年5月2日《海报》载唐大郎《黎明晖与姚莉》，

有云："黎拍歌曲之盛行，明晖为其先河。及近年来，姚莉称著盛名于舞场'麦格风'前，则为其余列耳。"

黎明晖（1909—2003）的《毛毛雨》嗲声嗲气，一曲风行，长期被禁为靡靡之音。姚莉（1922—2019）上个月19日去世。姚莉的代表作《玫瑰玫瑰我爱你》《春风吻上我的脸》，欢快的节奏，与黎明晖完全不是一个曲调。

1943年10月25日《海报》载唐大郎《轻薄云云》，内云："愚以看不惯于文字间对周鍊霞作意淫的调笑，故作《宜惩轻薄》之篇，布之他报，不图反响群起。凡鸟先生评我尤甚，谓他人可以禁人轻薄。独唐某自身为轻薄人，落轻薄笔，出轻薄言，视为恒事，又乌得攻评他人之轻薄哉？是故直谅之言，愚不敢辩。特愚时常施薄于女人，彼女人与我漠不相关者，我为之。若稍有牵连，我必不致稍施狂妄。此种心理，不必律以道德，而不妨范以人情。愚以为鍊霞之不可侮，以鍊霞为斯文中人也，为金闺国士也，又为罗敷有夫也！而罗敷之夫，又为吾人之契友也。诸君奈何不念呕逼的词锋之际尚有一情极难堪之城北徐公乎？推己及人，诸君亦当知所谓施'雅谑'于鍊霞者，实多逾分矣？"

可惜唐大郎上篇《宜惩轻薄》未选入本编，但是只看了这篇便觉得唐大郎"彼女人与我漠不相关者"论调万不能自圆其说。上节潘柳黛那段后面还有话呢："时人称丁皓明为巧克力美人，初嫌其勿类，今见潘柳黛，是殆巧克力之佳人欤？"潘柳黛乃漠不相关者？

唐大郎诗文风格按时代划分的话，真可谓泾渭分明，按产量划分的话，后三十年远逊于前二十年，聊胜于无的是这位文字等身的小报文人，毕竟留下了一本"书的模样"的《闲居集》（可惜是在他死后四年出版的），随着唐大郎声名益隆，这本书越卖越贵，身后名不求自来。

1944年2月8日《海报》刊唐大郎《刘琼》，内云："识电影男星甚众，比岁以来，与刘琼交往尤密。老刘在艺事上，造就最高，而其人拘谨，见'寡老'不敢平视。稍能为白相人攀谈，顾无秽德新闻，故可喜也。""愚不甚看外国电影，尝苦誉老刘，比之为茀莱特马区，识者以为不类。一日，碧云谓刘琼固不能比马区，而颇类贾莱古柏，盖以顾长似也。"

刘琼（1912—2002），现在的观众能看到他演的电影有《女篮五号》《海魂》《牧马人》。此处的"碧云"不知道是不是女演员卢碧云（1922—？）。"碧云"说得对，刘琼"颇类贾莱古柏"，但仅仅是在身高上，容貌气质上刘琼可跟人家古柏没法比，片子上更没得比。茀莱特马区（1897—1975），也是一代名演员，七十高龄尚与保罗·纽曼合演了《野狼》。我提供底本而影印的《电影杂志》（1947—1949），里面有不少两位洋影星的资料，刘琼的名字也时常出现在里面。

1944年5月14日《社会日报》刊唐大郎《吴祖光》，内云："祖光在重庆，其写剧本之盛名已骎骎然夺曹禺之席，周贻白亦编剧名家，但精到犹不足与吴氏敌焉。"

唐大郎笔下的人物，我只见过两位——吴祖光和李君维。有幸见到吴祖光是在1997年北京市评选"家庭藏书明星户"的活动上。当我看到吴祖光颤巍巍被搀扶进会场时，我就明白这个"藏书明星"是不能当真的。

1944年12月2日《海报》刊出唐大郎《见一见张爱

玲》，内云："苏青与张爱玲两位的作品，一向没有注意过，直到《浣锦集》和《传奇》出版之后，在太太的枕头旁边，我也翻来看了几篇，的确值得人家景仰。现在上海出风头的许多男作家，他们这辈子就休想赶得上她们。"《倾城之恋》在兰心排戏了，听说张爱玲天天到场，大中剧团为了她特地挂出一块'谢绝参观'的牌子。我从这里明白张爱玲委实不愿意见人，她不愿意见人，人何必一定来见她？"

唐大郎对于战后的张爱玲的帮助，可谓"雪中送炭"，就冲这一点，张迷要永远感谢唐大郎。唐大郎身为小报中人，又是秋翁（平襟亚）的老友，竟然不晓得平张两位在《海报》上为了"一千元灰钿"打得不可开交吗？

张爱玲的不愿意见人，我的理解是，见人就得说话，说些应酬的言不由衷的话，张爱玲不喜欢这一套世俗，她早早就声明过了："在没有人与人交接的场合，我充满了生活的欢悦。"自编自导自演了"南玲北梅"谎言的梅娘，根本没到上海，没到兰心，愣是虚构出来："一九四四年的冬天，上海漂（飘）着冷雨，兰心大戏院正在排练张爱玲亲自改编为话剧的《倾城之恋》。朋友们劝我去看看,就便结识张爱玲。……我们赶到兰心,排练已经结束,在众人簇拥中走向台下的张爱玲,长发披肩,一件绛红的旗袍,直觉,正是她为流苏界定的怯怯的身材。因为她在众多名艺人中间,我不便上前搭话。"瞧瞧,多么像"冬藏老人"黄萍荪向壁虚构之作《雪夜访迅翁记》呀!

1945年3月27日《力报》刊唐大郎《谢鲁诗》,第一段云:"光化出版社,为李时雨先生主持,发行日刊一种,第一、二期,为离石编辑。比离石病不能兴,纂务遂废。李乃延谢鲁继其事,第三期在整理稿事中,不久与读者相见矣。"

过去"报""刊"不分的,"日刊一种",应为日报一种(《光化日报》)吧。一开始给我也绕糊涂了,疑"发行日刊一种"乃"发行月刊一种"之误,因为手头存有"社长李时雨,主编离石,发行者光化出版社"的《光化》月刊。后经细查,《光化》月刊创刊于1944年10月10日,第二期出版于同年11月,均与唐大郎的"1945年3月"对不上呀。且慢,《光化》月刊第三期延宕至1945年4月方出,编辑者改为"光化出版社",又在时间上和人事上与唐大郎所言卯榫相接,看起来,应该还是"发行月刊一种"比较符合实情吧。

1945年5月16日《力报》刊唐大郎《柔肠侠骨》,内云:"大都会开门,韩菁清伴舞其间,生涯之美,声势之盛,乃非红舞女可以攀及,予向不识菁清,一日,韩与予友叶生,起舞于场中,叶为予介识之,亦不暇闻其吐属也。"

韩菁清(1931—1994),1946年在上海被评选为"歌星皇后"。寒舍存的一本老画报,刊有另一项评选,韩菁清是歌舞组第一名。如果仅凭这点成就,人们记不了她这么久,多半的缘故是她嫁给了年长28岁的大文学家梁实秋,两个人文情并茂的情书,感了天动了地。

1946年1月19日《铁报》刊唐大郎《雪园晤言慧珠》,内云:"胜利以后,北平梨园界中,最轰动的事件,是言慧珠的突然自杀。上海的报纸上,登得非常详情。""忽然她到了上海。上海人大都没有晓得这个消息。""到了楼下的一间里坐着三个人,是老友孙兰亭、马治中,还有一位就是言慧珠。""我问她你干吗要自杀,年纪轻轻,怎么也活得不耐烦起来?"

言慧珠(1919—1966),一代名伶,一生"誉满天下,谤亦随之",二十年后言慧珠真正地自杀了。寒舍存藏的旧画报里,言慧珠可太多了。谁见过言慧珠年青时代在北平胡同里骑自行车照,我就有。言慧珠的弟弟言小朋(1925—1992)的妻子是王晓棠,俩人在电影《野火春风斗古城》里,王晓棠一人扮两个角色(金环银环),言小朋更厉害,一人扮三角色。

1949年4月30日《铁报》刊唐大郎《知堂的墨迹》,有云:"知堂老人文章之美,足垂千古,是不成问题的了。他不以书法名,可是他的书法,也是从恬静中见工力。""但知堂出狱以后的近况如何?无人晓得,他是否仍在写作?也无从打听。"

不知道唐大郎是故布疑阵,还是真的不晓得。以唐大郎之消息灵通,耳目众多,应该知道知堂老人此时在上海呢,而且已经住了三个月了。

1950年2月13日《亦报》刊唐大郎《两张速写》,内云:"三月前,胡考先回来,小丁后回来,他们没有忘记我同之方,三日两头,要来望望我们。""他们都说,倒真希望大郎早点搞通思想,但又不希望他搞通之后,却减少了他一份固有的豪情。""胡考在工作上,不常以画笔来鼓动世人了,小丁则还在这方面苦修,将来的造就,当然无法估量的。""现在他们又上北京去,走了的前夜,我同之方送他,临别,他们希望《亦报》渐渐地进步,大郎也跟着进步。"

胡考(1912—1994),漫画家,二十世纪三十年代成名于上海,鲁迅曾经评论过胡考的漫画:"不过我想他如果用这种画法于攻打偶像,使之漫画化,就更有意义而且路也更开阔。"我非常喜欢胡考的漫画风格,也非常遗憾他那么早就放弃漫画了。据我所知,胡考和丁聪此次去北京,大概是筹备《人民画报》的创办。

1951年4月15日《亦报》刊唐大郎《访恨老》,内云:"那一天是星期日,我同黄苗子、吴祖光、曹仲英到中央医院去看罢了郁风的病,他们又要我一道去望望恨老；恨老者，《亦报》刚刊完了的《人迹板桥霜》的作者张恨水先生也。恨老一家住一个院子，因为那房屋很幽旧，特别富有北京住家的情调，屋里摆的，墙上挂的，也都是些粗粗草草的东西，从这上头可以看出屋主人近年来伤于衰病，没有心思再润饰他的居处了。我们见到恨老的时候，他刚刚午饭完毕，从后面的院子里进来，走路很轻快，面庞比我十多年前看见时瘦了一些，头发有点斑白。"

中央医院建于 1918 年，是中国人自建的第一所新式医院。院址在阜成门内大街，左边可以望见白塔寺的白塔，右边紧邻帝王庙。后改名"人民医院"。人民医院往南过马路第一条胡同是羊肉胡同，第二条就是砖塔胡同，鲁迅故居、张恨水故居在这条胡同里。从人民医院步行到砖塔胡同也就十来分钟吧，近得很。有一年我老婆在人民医院动手术，我在病房里待得闷烦，便走到砖塔胡同怀旧，我有两个下乡插队的插友住这条胡同里，巧得很，一个在鲁迅故居的东边隔几个门，另一位就挨着鲁迅故居旁边。那时候还写博客，便随手写了《雪天访砖塔胡同》。我对这一带的街巷非常熟悉。唐大郎到访的是北沟沿大街（后改名太平桥大街）的张恨水住宅，1951 年 6 月也就是唐大郎到访后的两个月,张恨水因经济困顿将大院子大宅子卖了,换到砖塔胡同西口一座小四合院。

1951年4月24日《亦报》刊唐大郎《谒十山翁》,内云:"来到此地一星期光景,我去拜望过十山先生,是齐甘陪我去的,大约坐了半个钟头,我们就告辞出来了。走出那条胡同,齐甘将我埋怨起来,说:你这个人我倒是第一次晓得你这样老实。我问他什么意思?他说:你怎么见了十山先生,连一句客气的话儿也没有。你应该谢谢他,《亦报》出到现在,承他帮忙到现在,这一点礼数,你还用做人家吗?我想了想,我真是没有向老先生道谢过一句话,的确不大好。我向来不擅辞令,是一个原因,还有一个原因,我常常以不多说话来对某一个表示由衷的感谢的。"

"十山"是知堂老人,"齐甘"是徐淦。徐淦1949年冬曾借住八道湾11号,也许是唯一有此经历的房客吧,而且还写有纪实性的《苦茶庵寄寓》。祝淳翔说唐大郎1951年3月10日离开上海到北京。唐大郎来北京,以44岁之龄进入华北革命大学,思想和文章进步很大。唐大郎的同行也是小报文人的卢大方赞叹道:"(唐大郎）赴北方的革命大学深造，听说他在革大时期，也曾下乡劳动，参加农民们的挑粪工作，一个荒唐绝顶的人物，来了一个一百八十度的转变，令人惊讶。"

二〇一九年十二月十六日

八十年前武汉一位叫"莲只"的藏书家

一九四〇年代重庆出过一本《今文月刊》，草纸印刷，貌不惊人，却刊载过一组署名"莲只"堪与著名书话家们平起平坐的书话文章。"莲只"显系笔名，这位莲只先生对武汉的图书馆界特别熟悉，因为他供职于斯服务于斯，但是他又能撇清这层关系，在抗战的大后方写作不合时宜的书话文章。

莲只先生的这组书话文章统归于《今文月刊》"书林臆语"栏目之下，分别是《谈个人集书经过》《定期刊物收集之难》《一种塞翁失马之感》《关于"一折八扣"书》《从后方参考书荒说起》《忆猎书家徐行可氏》《记武昌之旧书店区》《忆国立北平图书馆》《记袁守和先生事》。

试着来解读这些书话文章，看看"莲只"先生的本业和癖好,到底"图书馆学家"和"藏书家"哪家的属性强一点或弱一点。

《谈个人集书经过》,一开头即表明本职专业与业余嗜好可以相安无事,"余在十龄左右,即嗜读说部。以后凡遇个人认为有兴趣者,无论为硬性软性,皆多方涉猎,渐养成书淫结习。而余之选习图书馆学,以及现在仍谨守图书馆教育之岗位者,溯其始念,亦莫非如蠹鱼之求饱耳。十余年来,出卖劳动所得,大部分用于聚书,敝衣蔬食不暇顾也"。

接下来,莲只先生解答了我的困惑,身处书山书海,何必还自掏腰包买书呢?"寄身书林,眼福已饱,而仍汲汲于私藏之建立者,未免使人失笑。然此事并非不可解释者:占有欲原出之人类天性,图书馆之书乃公有之物,私人不得长久享用,此其一;余读书习惯喜加圈点,喜作眉批,此在任何图书馆中皆悬为禁例者,故图书馆中之书浏览之则可,精读之则不可,此其二;图书馆中之书,除过于艰深专门,无人问津者外,大都经过多人之手,故污旧不堪,或破碎不完,读书乃人生乐事,试问遇此等书有何乐趣可言?故宁愿花钱自备,而不愿迁就,此其三。"占有欲加圈点眉批加洁癖,这三个理由,完全说得通。

莲只先生并非完全拒绝"馆藏书",他善于变通:"余聚书之标准有六:一、图书馆书库中所未备者;二、供日常手头翻检者(如字典辞典之类);三、经典要籍必须精读者;四、印刷优美,装潢别致,可供赏玩者;五、绝版书,查禁书,普通人所不经见,或后来难得者;六、期刊杂志,介绍时贤言论,与灌输新知者。"藏书之道,无一定之规,各花入各眼,然莲只先生的"六标准"有其普遍意义在焉。

莲只先生的藏书旋即沦为丧书史,"十余年来所聚之书,合以家中旧藏,都二千余册。一部分庋藏于武昌云架桥寓所,一部分置汉口乡间。云架桥地势负郭,无市尘之扰,瓦屋三椽,一家独居,其中一间为书室,室外有花,有树,有空场,室内则窗明几净,纸润墨香,实读书构思之理想环境,二十七年秋,武汉外围战日趋紧急,在忽忽将此一批书籍连同重要家具移置于xxxxx后,即仆仆入川,除简单之行李外,并未携出片纸只字,为遗憾者,即历年在报纸杂志上所发表之文章,凡数十万言,其积留之底本亦随之沦陷。当时未能运书来渝之缘由可得而言者:一,购轮船票一事已伤脑筋不少，幸得成行，即行李已受限制，何况笨重之书籍？二，书籍一多慌乱中即不能仔细思量孰应带出，孰不应带出，此种心理凡有'抢火'之经验者皆能道出；三，xxxxx 属外国教会产业，在当时一般皆认为有相当保障，即未料国际局势变化如此之速，亦未料战事延长如此之久。此皆余个人不沉着，少思考，无远见之咎，夫复何尤？闻 xxxxx 自太平洋一·二八事变发生后，即已驻兵，历史上所称以书籍为帷囊，拭马具，充薪炭……种种惨象，不期然而幻映于余脑海之中。言念及此，真令人肝肠寸裂矣"。凡天下爱书如莲只者，当一掬伤悲之泪。

"历年在报纸杂志上所发表之文章，凡数十万言。"可见莲只先生于图书馆学建树颇丰，没有因为耽迷藏书而荒废主业。如果下点功夫翻检旧时报刊，也许莲只先生的真实身份不难显现。

《定期刊物收集之难》，这个题目中的"定期刊物"，通常说成"杂志"或"期刊"，加个"定期"就属于图书馆学的专用名词了。我见到这个题目顿生亲切之感，之前只读过文载道（金性尧）写的《期刊过眼录》（载1944年

5月《古今》),那个感觉是空谷足音。

莲只先生此文既具专业素养又结合私藏心得:"定期出版物得之易而保持难。大抵有悠久历史之杂志报章,皆有相当之价值,亦皆为文人学者所重视,然求其完整无缺者,虽中外著名之图书馆亦罕能办到。如《申报》出版迄今有六七十年之历史,在纪念其六十花甲子时,闻全中国只江苏某图馆有一全份,弥足珍矣。""欧美著名报纸杂志,其年龄超过《申报》以上者不知凡几,而能保持完整者亦不多见。唯外国人'求全'之心较国人为热烈,观于外国旧书铺过期杂志之定价较一般旧书为高,可以想见需要者之众矣。然我国一般旧书铺老闆对于陈旧杂志并不欢迎。汉口黄陂街与土垱街有荒货店数家,其中过期杂志报纸堆积如山,均以二十两大秤收进,十六两市秤售出,其用途无非供小贩包花生米,商店包铜元,或住户人家糊墙壁与天花板而已。"

谈完集藏不易,再谈毁弃之速:"战前,国立武汉大学图书馆曾年耗巨资,购配外国陈旧杂志,成绩颇有可观,唯在廿七年春该校西迁乐山时,此项杂志被装成数十大箱,以木船载运入川,舟行至巫峡夔门间,忽罹'砥柱'

之祸，以后虽经打捞起岸，又以人事关系，未能及时整理晒干，迟之又久，取出时已粘连成块，如干面包，成废物矣。再如武昌文华图书馆专科学校所藏之美国图书馆协会会报，与图书馆学杂志，亦有年之历史，为图书馆界之权威刊物，中间颇少脱期，惜西迁时仍弃置原地，即该校自行出版十年历史之季刊，亦未携出一本，此皆就笔者个人所知者而言，其余公藏私藏之捐失，当亦不在少数，良可惜也。"说来本人对于图书馆刊物有所用心，亦能读出其中的趣味，惜价昂不能多得。

书话文章远兜远转，末了总得讲讲自己的收藏才不落空。莲只先生好就好在这点："余个人所藏之定期刊物不多，唯不藏则已，藏则必力求完整。如《东方杂志》《小说月报》《读书杂志》《文摘战时旬刊》《星期评论》《大众报》《中兴周刊》等，大体尚称完整。其中《东方杂志》系从第一次沪战之后新第一号起，至第二次沪战结束时为止，以后所出者因购求不易，乃未继续收藏；《小说月报》所缺者不过最初数期《文摘战时旬刊》自第一期以至现在；《星期评论》自第一期以至停刊，均未缺期。《大众报》《中兴周刊》，因本人曾参与其事亦与其共事亦均保有全份，以作纪念。兹者除《星期评论》及二十七年七月以后出版之《文摘战时旬刊》尚在重庆外，余均沦失。此类刊物虽不如孤本秘笈之可贵，然历年因补辑残阙，余个人为其所耗之精力确实不少。早知今日，真悔当年多事矣。"

这段话有个小疑问，《东方杂志》创刊于1904年，《小说月报》创刊于1910年，莲只先生远未"大体完整"。所谓"《小说月报》所缺者不过最初数期"，当指1921年茅盾接手后革新的《小说月报》。

这篇《一种塞翁失马之感》，光看题目猜不出内容的，原来莲只先生也像藏书家马隅卿、周越然似的收集那些"不登大雅之堂"的禁书："含有色情成分之小说素为学士大夫所不屑道。然真正拒绝，而不背人偷阅者，恐亦绝无仅有；特以礼教大防，不敢公然承认耳。……余所经见之色情小说不下数十种，多由偶然得之。亦多于阅后付之一炬，其被保留者，大抵基于以下五种标准：（一）昔人所作者收，时下所出者不收。（二）内容尚合情理者收，普通习见者不收。（三）原版收，订正版式以xx代表被删之字不收。（四）湮没已久，忽然发现者收，普通习见者不收。

（五）外国所出者收，但需要出高价者不收。""此项收藏现时亦完全沦失，在初闻此讯时，未免怃然，继思'今不除，后世必为子孙忧'又不禁有塞翁失马之感。"莲只先生近乎杞人之忧，禁书没有那么大的威力吧。

集书之初我不懂书的版本，糊里糊涂收了不少"一折八扣"书，还自以为宝地写过文章登了出去。"一折八扣"书声名狼藉，只读到过谢兴尧为"一折八扣"书说了句好话："解放前上海大达图书公司出版过一批书，叫做一折八扣倒没人买，其中大部分都是有用的书，我那时看见过，也是认为版本不好不愿买，现在有的再找也找不到了，如其中的一部《尧山堂外记》，讲述明代小说戏曲（万历刻本），现在已买不到，北京图书馆把它藏于善本室，不外借，我只好趁星期天到那里借阅，摘要抄了下来。"（《近代史料的收集工作》）

莲只先生对于"一折八扣"书亦持平允之论："讲究资格者对此类书每不屑一顾，其实其中未尝无好书，印刷亦非绝对地坏，错字亦并不甚多，如大达图书供应社所印行者，什九皆可读（启智所印者错字最多纸张亦劣），可读而不读者,大抵病其价太廉,恐便宜无好货耳。""在武汉时,余曾见有以仿古体印刷之一折(不八扣)书,封面雅致,纸张洁白(并有用道林纸者),其中有《昭阳趣史》一种,原系禁书,为以前所不经见者,不知该书商由何处觅得原本,而将其刊行问世,书中遇有伤风化处,亦仿《世界文库》例将原文删略,并注明被略字数,所节略者尚有分寸,前后亦颇斗笋,是知其尚费一番心力,当未可以其价格廉而否定其价值也。"

这篇《从后方参考书荒说起》很有意思,"无论新书旧书其售价无不较战前高出数十倍,尤以参考书或工具书最足骇人,以前小偷对于此类物事皆以白眼视之,今则彼辈亦改变气质,雅好偷书,并有精到之鉴别力,盖据失书者奔走相告,谓所失以字典辞书为最多一事可以见也"。"犹忆仓皇西走时,只将日常放在衣袋中之世界寸半《英汉小字典》带出,其余皆不能顾及,今者大抵已沦为劫灰矣。"莲只先生埋怨称:"惟私人之不克带出实缘力量薄弱,而公共机关有充裕之时间,又有足够之人力与财力,而对其重要参考书亦靳然不顾,斯诚大不可解者矣。"莲只先生叹曰:"闻该校西迁时,此类重要书籍概行遗弃,所携者大抵为次要以及在后方可能购得之书，且其运书箱中并杂有私人之炊器与草纸之类，占去容积不少，殊足令人长太息也！"

莲只先生洋墨水喝了不少，不然《忆猎书家徐行可氏》用不到"猎书"这个词。徐行可（1890—1959），名恕，字行可。"湖北藏书家中诸老辈大都作古，唯在武汉尚有一人可以一纪者，即徐恕行可先生是。徐氏卜居汉口法租界，藏书虽不多，而孤本秘本善本尚称不少。"下面这段太有意思了，莲只先生站在书贩的立场痛贬徐行可："闻其日常生活，均以猎书为事。武汉旧书店老板，莫不熟识其人，唯对之均无好感。盖版本较为可贵者，多为其以低价购去，迨发觉时又不胜懊悔，以后凡经徐氏拣撮之书，唯恐上当，无不漫天开价，然徐氏又能揣知书贾心理，故弄玄虚，使贵贱颠倒其值，反影响其营业，故对徐氏终感无可如何。""徐氏与黄侃季刚为儿女亲家，其疏狂孤傲，一如黄氏。""在武汉我军撤守后，未闻徐氏走动，依余揣测，当时徐氏或以法租界可保安全，迨国际局势转变，又以年老力衰，不敢任长途跋涉之劳。犹有一最大原因，即为书本所累，不忍见历年心血，化为乌有耳。"莲只先生揣测徐氏不忍弃书而逃的原因，与当年揣测知堂老人的某些人何其相似乃尔。

藏书家对居住久了的城市别有一种感情，这样的情感于是产生了纪果庵的《白门买书记》、何挹彭的《东西两场访书记》、陈乃乾的《上海书林梦忆录》，顺理成章地也就有了莲只先生的《记武昌之旧书店区》。"余与武昌之旧书店区结缘最深，以求学于斯，服务于斯，而又卜居于斯也。在求学期间起，即养成逛旧书店之癖性，如隔一二日不去，即忽忽如有所失。虽每度光临，未必惠顾，有时甚至遭书贾之白眼，然兴趣仍未尝稍减也。""武昌旧书店麕集之所，为察院坡与横街头。此二处相接若丁字，旧书店合计尚不足二十家，大大小小，错落其间。而势力最大，生意较盛者，多为湖南人所设者，如尚德、益善等数家是。"

莲只先生此篇细节多有，语气亦风趣，惜不能多录。

《怀国立北平图书馆》和《记袁守和先生事》两篇，回归了莲只先生的本业。"卢沟桥事变前一年，余过北平，前后只逗留四日。曾抽暇与同学某君前往参观国立北平图书馆。""是日虽在该馆参观达三小时，仅能作一鸟瞰式之巡礼，迄今已六七年，印象模糊，不可追忆矣。犹有一事至今不能忘怀者，即该馆在馆舍后部，尚设有读者餐堂一所，余与某君于参观完毕，亦曾前往尝试，二人四菜一汤，所费不过国币六角。价廉物美，对于读者便利不少，亦足纪也。"

有那么几年，因为出书的缘故我经常出入北海边的"北图"，读者餐堂早就关张了，要吃饭得去馆外找饭铺。

袁守和即袁同礼（1895—1965），时任北平图书馆馆长，对于图书馆事业有着杰出的贡献。邓云乡于《文化古城旧事》书里专有一篇讲袁同礼和北平图书馆："我记不清我去过多少次了。每一次都是骑着车，到大门口下车，进去之后再上车，脚下用劲蹬一两下，车便像燕子一样，极轻盈地飞到西北角，那里是存车处……"没错，西北角是存自行车的地方，这几年还是不是就不知道了。

行文至此，希望有心人帮忙考查出来莲只先生的真名实姓。我在这先谢了。

二〇二〇年三月十五日

饭局上的沈昌文

见到沈昌文先生最后一面是去年 11 月 20 日。那天中午俞晓群招呼大家吃饭，仍旧打着请沈公的名义。我去的时候稍晚了一点，上到二楼迎面见到沈公神色仓皇地张望，我问他怎么了他也不理，几秒钟之后我反应过来了，沈公可能落座之后起身上洗手间，从洗手间出来转了向找不到包间了。重新落座之后，我跟同席的几位说，沈公这大岁数了又是刚刚出院不久上洗手间得有人陪着。这顿饭吃的是徽菜，少不得有臭鳜鱼（关于臭鳜鱼，沈公自有一番妙论，不妨找来读读）。俞晓群专门单点了两个沈公爱吃的菜打包给沈公带回家（关于打包，沈公也有妙论："我现在特别喜欢在宴席后带剩菜回家，当年当领导时不太好这么做，为的是要面子。"）沈公不像平日里的胃口好，啤酒好像只喝了一小杯，全无往昔把酒临风之意兴。正好给沈公带了我新出的《书窗风景》，沈公接过书双手合十，感动了我。以前也送过沈公我写的书，沈公都是无可无不可的表情，今天不一样，沈公的眼神直视着我，光亮而有暖意。散席后大家合影，也许是光线的问题，也许沈公面容的确"甚矣吾衰矣"，见者惊诧："沈公这是怎么了？"合影时沈公忽然大嗓门地唱了一句"大海航行靠舵手！"七个字顿了两下，我还开了一句玩笑，谁也没有在意。下楼后在门口话别，俞晓群对我说，沈公下楼梯腿没劲撑不住了，以后出不了门和大家吃饭了。闻此言，我特地望着沈公的背影，似乎意识到很可能是最后一面了。

算起来在饭局上见到沈公有四五十回之多吧，多数的情形沈公都是默不作声地吃他爱吃的菜喝他爱喝的啤酒，众人的高谈阔论一点惊扰不着他。沈公什么场面没有经历过，如今荣辱不惊，人淡如菊，你自谈之，我自食之。他们都说沈公耳背听不见你们聊什么，我觉得并不尽然。二〇一八年春天的某一天，有场读书活动沈公是主嘉宾，我是次嘉宾，活动完了之后主办方请吃饭，安排我坐在沈公的旁座。以前也坐过沈公的旁座，沈公八十寿宴时坐过一次，那是如坐针毡的一次。这回不一样了，与沈公在饭局上亲熟了不少，趁此机会问了沈公几个问题，不用大声喊沈公也听得见,问他《读书》杂志"五朵金花"谁成绩最好,沈公说当然是谁谁谁了;再问一个刁钻点的,沈公瞥了我一眼,避而不答。沈公是宁波人,我也是,我请沈公讲几句上海话,他说了好几句,我没全听懂。这次读书活动,这次吃饭,使我零距离地了解沈公,甚至似乎理解了沈公内心的某些委屈和由于隐忍而带来更深的委屈之感。过去我只知道小孩子爱哭,这些年才明白老年晚境之泪更堪悲悯。刚刚活动时沈公说到动情处几欲泪下,我担心他过于激动连忙劝慰了几句,其实台下的读者未必知道沈公为何说着说着情绪和声调高亢起来。

人们常说沈公是美食家,口味驳杂,来者不拒,大有天下美食我尽尝之的气魄。要我说,饭局上看不大出来一个人的偏嗜,毕竟是谁买单谁做主点菜,个人只能从众随大流,除非是德高望重的沈公,凡有醉虾的馆子,不用他老人家吱声,必点一道。我感兴趣的是沈公独自一人下馆子,喜欢点什么菜,吃的时候是个啥样子,有谁偶遇过么。独处方显人的本来面目,人声鼎沸的饭局总归带有应酬的属性。沈公现在不差钱,经常抱怨退休金花不完,谁都明白他老人家抱怨的是吃不完。可是早些年沈公可不是这么说的,他这样说的:"我自己规定,每餐只能花人民币三十元,只上小饭馆,逛来逛去,喜欢上了北京城的无数清真小馆,那里,一碗羊杂碎,一盘羊头肉,一瓶啤酒,一个烧饼,三十元足矣!"我在内蒙古农村下乡插队八年,至今对羊肉仍旧一口不沾,受不了羊膻味。有两三次东来顺的饭局上,沈公他们大快朵颐,我却只吃烧饼和炒土豆丝。

今天中午罕见地懒得做饭,去附近的小馆子随便吃点什么填饱肚子。小馆子正好紧挨着11月20日中午来过的徽菜馆。惜乎,饭局的主座再也等不来沈公了。

二〇二一年一月十三日

沈昌文,沈公的第二春

近十几年来见到沈昌文先生的机会非常多,沈昌文八十寿宴(可能办了不止一场)其中的一场,俞晓群把我安排坐在沈公的左手,从那次起,我也跟着称呼"沈公"了,私下里还是习惯直呼其名。接触沈公多了,直至1月14日参加了沈公的追悼会,看到的,读到的,使我的一个"认识"或者称之为一个"看法"完整地成形,可以说出来写出来了。

沈公的"第二春",也可以叫发挥"余热",意思虽然相近,还是"第二春"字面上美好且生机盎然。我看得出来,六十五岁之后的沈公,活得自我和潇洒,有一种解甲归田般的轻松和放飞。就拿吃饭打包这点小事来说吧,我虽然多次亲眼所见,但不妨来听听沈公坦诚自白:"我现在特别喜欢在宴席后带剩菜回家。当年当领导时不太好这么做，为的是要面子。现在当然横行无忌。什么贵重的宴席，我都要关照'打包'，然后左提右拎，回家耐心享用。从其中偶尔发现整块鱼肉，快何如之。"

沈公的"第一春"，许多人都无数次地说了，无数次地重复说了。不是不可以翻来覆去地评说，但是仅仅停留在"第一春"而忽略甚至无视沈公的"第二春"，对于沈公生平事迹的完整评价，似乎少了点什么。其实，用不着我在这里说三道四，沈公著作的字里行间表明得还不够鲜明吗？就说沈公的著作吧，广为人知的，好评如潮的《阁楼人语》(2003)、《书商的旧梦》(2007)、《知道——沈昌文口述自传》(2008)、《八十溯往》(2011)、《也无风雨也无晴》(2012)等十几部著述不都是"第二春"时期出版的吗。我想象不出来，如果沈公没有"第二春"，充其量也不过是个有文化的躺在"功劳簿"上的离休老头，有谁会给他出版《八八沈公》吗。

人生如足球比赛，分上下半场，退休之前属于上半场，退休之后属于下半场。上半场决定人生的走向，非常重要；下半场决定人生的胜负，其重要性大于上半场。上半场多少有些身不由己的因素,下半场则"我的人生我做主"。别人怎么评论沈公的上下半场是别人的事,沈公自己说:"让我高兴的是,因辽宁这块宝地的恩赐,我从'耳顺'到'古稀'期间,居然成为自己一生做出版最顺手的年代。"给沈公盖棺论定的最高名誉,不就是"出版家"吗,最顺手不就是最顺心吗。人生与职场,还有什么比顺风顺水更顺心的事情吗。苦和累,乃人生与职场的必经之路,沈公害怕的不是苦和累,沈公一直挥之不去,难以释怀的那种情绪,往小了说叫"委屈",往大了说姑称之"愤愤不平"吧,不想用"怨恨"一词,因为我不够格,沈公用过"痛恨""恼恨"来表达那种"疙疙瘩瘩"共事几十年的上下关系。

沈公所谓"辽宁宝地"实为辽宁教育出版社,再具体一点就是"从上班时当领导的风风光光,到交班后的默默无闻,心情自然难以平静"的沈公碰到了当打之年的俞晓群。沈俞一碰,非同小可,擦出了二十五年不灭的火花,开启了出版家沈公的"第二春"之旅。

长话短说,给沈公带来巨大声誉的《读书》杂志,如今还有热度与围观么？随着那一代作者的隐没，它的历史使命已经完成。倒是诞生于沈公第二春的，与主流读物拉开距离的《万象》杂志，"书趣文丛"和"海豚书馆"，好像路边的闲花野草，路有多长，它们就相伴到天涯。

二〇二一年一月十八日

由黄裳先生的笔名说起

这篇小文要分两次写，因为任凭我如何翻箱倒柜，黄裳先生2007年11月16日给我的回信也没找到。黄裳先生的信用毛笔写在笺纸上，我视若珍宝，藏得连我自己也找不到了。信里的几句关键话却记得，如"我也是听来的""先生为文波俏，易引误会""请不要再提及下走"云云。后来我将这几段话引在《出书记》内，"波俏"被编辑想当然地改成"颇俏"。

黄裳先生的回信暂时没找到，关系不是太大，好在我给黄裳先生的去信留了底稿，可以透露一点儿内情。本来黄裳先生对我的误会，早已云消雾散，可是架不住坊间一而再，再而三地误读和误传，将黄裳先生对我个人的误会与黄裳和止庵的那场笔仗，生拉硬扯到一起，这就需要我这个当事人出来解释几句了。解释完了，是不是有效果，是不是越抹越黑，这就不是我所能控制得了，按照人性的逻辑，越抹越黑是大概率。爱怎么着怎么着吧，清者自清，浊者自浊，我还能拦着人家怎么想啊，自当练习写一篇偏题的文章，同时告诉善良的人们，"来说是非者，便是是非人"的老话，仍然是亘古不变的真理。

黄裳先生对我的误会是怎么回事，拙作《搜书后记》中2007年10月24日、11月3日、11月19日、11月25日这几天的日记已经若隐若现了。而黄裳与止庵的笔仗肇始于2008年5月25日黄裳文章《漫谈周作人的事》，时间上差出半年多，前因后果亦连不上，跟老谢一毛钱的关系都没有，敬请好事者核对核对，好么。现成的、公开的文字和时间就摆在光天化日之下，却视而不见，胡说一气，您让我怎么相信更远年代的考证和掌故？

我以前说过："理解可能需要一辈子，误解只需要一秒钟。"

和黄裳先生的事情牵扯和连累了我的一位好朋友，好朋友是谦谦君子，虽属"隔墙放箭"，但我还是应该致以歉意。正是由于我真诚的歉意，黄裳先生也明白了真相何在，不然不会给我回信。

现在节选几段2007年10月27日我的去信：

黄裳先生：
您好。
十几年来一直想给您写信。却一直没写，看到别人得到您的墨宝，心里一直是羡慕的。没有想到今天会是在这么个情形下给您写这封信。

首先，是向您表示我诚恳地道歉，因为我的言语给您带来的不愉快。我还要向XX先生道歉给他平白无故地添了麻烦，XX是我认识人中少有的君子。

然后，是我的解释。本来我是想通过电话向您道歉和解释的，XX不给我您的电话。我所担心的是写信解释不清楚，告状在先，解释于后，效果总是打折扣的。再者，辞不达意，反倒是越解释越糟。写信若能消除您的不愉快的一半儿，我就十分知足了。如果能允许我到您府上道歉和解释,那是我特别向往的,因为这件事情离事实太远了,伤害了我最不愿意伤害的人。

我检讨了这件事的起因,有可能是这三个。第一是我在公开发表的文章里过多地提到您四十年代的笔名一事,最近的一回是在《我的笔名》书里的一篇,在新旧《藏书家》里有两三篇,九九年的《中华读书报》一篇,九七年的《北京青年报》一篇,最早的一篇是九五年的《书与人》杂志,这些文章多是从《宇宙风乙刊》《古今》《万象》等杂志谈起您的笔名。

第二个和第三个起因,本文先不说,留待黄裳先生的信找到之后。这里只说一点,"告状在先,解释于后,效果总是打折扣的"。告状者,是个小年轻,认识我。此人的名字,在李辉的新书《黄裳致李辉信札》中屡屡出现。事情过去了十多年,小年轻也许变得懂事,或者失去了告状(我尽量避免使用"告密"一词)的门径。李君维先生曾经向我打听小年轻如何如何,孤证不举,我不会冤枉年轻人的,只是想劝告一句,此风不可长。

借这个机会,晒晒我收藏的里面刊载有黄裳先生旧作的老杂志(参见黄裳《我的集外文》),这是我三十多年辛辛苦苦从旧书店淘来的,我才算得上是纯粹的老资格的"黄迷",好事者和小年轻们,差得远呢!

二○一九年四月二十二日

"稿费优厚"的《文艺月刊》

近现代文学期刊版图，分布极不均匀，上海和北京占据绝对领先的位置，以数量论，上海又远超北京。真正够分量的文学期刊，总数不过二三百种，这里面再筛掉仅出一两期的刊物，再筛掉刊期不够两位数的刊物，真正青史留名的文学刊物所剩无几。若以全新的视角观察文学期刊版图，于古都南京欣喜地发现了寂寥的尘封的《文艺月刊》。《文艺月刊》从外形看是大型期刊的架势，从刊期看也算得上是个老牌子，却一直声名不彰，地位卑微，个中既有历史的原因，也有研究者的局限。

一九三〇年八月十五日《文艺月刊》在南京创刊，编辑者有王平陵、左恭和缪崇群。封面颇具"文艺气息"，创刊号装帧尤美，出自蒋兆和手笔。陈之佛、钱君匋也为《文艺月刊》画过封面。徐悲鸿、傅抱石、林徽音为

《文艺月刊》绘插画写文章。从这一层面来看,《文艺月刊》绝非泛泛之辈。它的《文艺情报》栏目亦极其出色,几乎与西洋文艺新闻同步报道,这使其他文学期刊难以望其项背。

看看这些新闻今天仍感觉有资讯价值:"美国拍卖名作家初版本""明信片上作小说""印第安人歌里的中国字""两千磅一周的英国剧作家收入""拿破仑情书之售价""关于高尔基及其工作方法""音乐的寿命和无线电""苏俄旧书市场中所见世界文学""英国大文学家消耗稿费趣闻""南北欧的英文书市场""德国禁毁《西线无战事》""诗人们奢望的工资和工作时间""朝鲜文学在西洋""本年的诺贝尔奖金数减少""德国在北平彩排《琵琶记》""狄更斯遗作和情书刊布问题""美国销路百万册以上的廿种书""世界最小书籍中的鲁拜集"。

有研究者称:"中国文艺社自身的作者有王平陵、缪崇群、杨昌溪、钟天心、汪锡鹏、张道藩、李青崖、金满成等人。但由于自身缺少优秀作家,《文艺月刊》的编者主要采取的是向其他著名作家拉稿的编辑方针。由于这个刊物稿费优厚,也由于不少作家想利用这刊物发表作品,所以刊物上名家的作品相当多。沈从文、老舍、巴金、戴望舒、臧克家、卞之琳、何其芳、陈梦家、靳以、李金发、鲁彦、洪深、施蛰存、李长之、马彦群、袁牧之、林徽音、凌淑华、袁昌英、梁实秋等人都给这个刊物写过稿子,徐悲鸿则为刊物供给了一些画稿。"这段话会产生歧义,好像著名作家的供稿是冲着"稿费优厚"。"不少作家想利用这刊物发表作品"你是怎么知道的?

《文艺月刊》主要内容有散文随笔及短篇小说、书评和新诗。沈从文的书评有《论刘半农〈扬鞭集〉》《〈山花集〉介绍》《现代中国文学的小感想》《论朱湘的诗》《论汪静之的〈蕙的风〉》。李长之的书评有《〈烙印〉(臧克家著)》。储安平创作有《无名》《原记》《断想》《说谎者》《小约翰求偶记》,黄萍荪创作有《状元第》,刘白羽创作有《半年间》,黑婴创作有《女性嫌恶症患者》《铁的歌》。

抗战的爆发使得《文艺月刊》面目为之大变,研究者的态度也随之不得不做出调整。《文艺月刊》出至一九三七年八月一日(第十一卷第二号,总出七十三期)停刊,旋于十月二十一日以《文艺月刊·战时特刊》名义创刊（实为复刊）。创刊号没有了和风细雨的文艺腔，笔锋一致，同仇敌忾。徐悲鸿《歼灭虾夷（画配文）》，庞冰《平型关陷敌记》，王平陵《焦土抗战与坚壁清野》，石江《狼烟中淞沪碎景》，金人《郭沫若前线劳军》，易君左《难民吟》。第二期亦如是，石江《北平沦陷时素描》，王平陵《深入田间宣传的艺术》，傅普《抗战中的长沙》，唐绍华《怒吼了，中国！》。第三期，王平陵《汉奸来源的分析》，朴庐《怎样加紧消灭汉奸的工作》，王冠青《根除汉奸的责任在文化界》，沙雁《战时文艺工作者应有的态度》。

一九三八年一月一日，《文艺月刊》由南京迁至汉口，同年八月十六日迁至重庆，坚持出刊到一九四一年十一月终刊。历时十一年有余，总计出版一百二十五期。前后"和平与战争"两个阶段的《文艺月刊》，作者阵容变化很大，自始至终的作者仅老舍臧克家等数人。

公正地评论《文艺月刊》，"稿费优厚"这样的话，既不符合事实，也不尊重作者。

二〇一九年五月二日

抗战时期文化文学期刊分布略图

由于一个偶然的原因,我参与了一项既熟悉又陌生的工作,跟出版沾点边,跟收藏书刊也沾点边。下面的文字算作出版说明也行,算作老虎尾巴刊话也行,算作分布略图也行,毕竟寒舍存藏有这些杂志里的精华品种。

抗战之长期性,之艰苦性,之复杂性,不同程度地辐射到文化文学期刊杂志上面来。这种影响比较和平时期来得猛烈得多。作为基础材料,多多益善,因此本卷所选刊物之标准尽可能从宽,不同层次、不同面目、不同地区的刊物均有可能入选。必须强调的是,在抗战时期那些明目张胆腼颜事敌之刊物,一概不选。

本卷百余种刊物统称"文化文学期刊杂志",不再细分为"文化期刊"或"文学期刊"。并且不再细分"国统区文学""沦陷区文学""孤岛文学""延安文学"等。

我们认为,这百余种刊物从史料价值来划分,大后方的文化文学刊物略逊于前方的文化文学刊物;从珍稀价值来划分,重庆国统区的文化文学刊物略逊于延安晋察冀的文化文学刊物。从时段上划分,抗战初期及中期出版的文化文学刊物其价值要高于晚期的文化文学刊物。抗战时期,局势千变万化,如上海"孤岛时期"文化文学刊物之兴旺,缘于"租界"这么个特殊的政治因素。1941年12月7日,"太平洋战争"爆发,"租界"也随之丧失。本卷内的《鲁迅风》《奔流文艺丛刊》《宇宙风·逸经·西风》等即属于典型的"孤岛文学"刊物,孤岛沉陷,刊物也完结了。永远不要低估中华民族的坚韧性,上海沦陷之后,一些杂志如《大风》《人世间》等迁出上海接着出刊,这个城市沦陷了,就迁到下一个城市,一个接一个,颠沛流离,且撤且出刊。我们今天阅读这些刊物,由衷地肃然起敬。

巴金主编的《文丛》就是一个"且撤且出刊"的光荣战例,也是抗战时期作家们英勇无畏的代表。《文丛》在上海创刊,出到第五期(1937年7月15日)因"七七事变"停刊。1938年5月转移到广州《文丛》复刊,复刊出了三期,局势又趋紧张,"为了敌人狂暴的轰炸,使我们的工作无法继续下去,于是有两个月了,《文丛》没有能依时出版"。12月20日《文丛》撤到桂林续出第四期。第四期上巴金在《写给读者》中悲愤交加地诉说:"本期《文丛》付印时……我以为在十月二十日以前一定可以看见它摆在广州市内的书店里。可是稿子还没有全部排好,大亚湾的炮声就隆隆地响了。我每天几次跑去印局催促,回来连夜阅改校样,结果也只能在十月十九日的傍晚得到全部纸型。那时敌骑早已越过增墙,警察也沿街高呼过'疏散人口'了。第二天夜里我们就仓皇地离开了广州。我除了简单的行李外还带了本期《文丛》的纸型,我就带出这一付纸型! 21期的《烽火》虽已全部排竣,可是没有被制成纸型的幸运,便被毁在21日广州市的大火中了。我带着纸型走过不少的地方,在敌人的接连不断的轰炸下居然没有把它遗失或损坏,这倒是我料想不到的。现在能够将它浇成铅版,印成书册,散布出去,在我也算是了却一个责任。我自然是高兴的。这本薄薄的刊物的印出,虽然对于抗战的伟业无何种贡献,但它也可以作为对于敌人的暴力的一个答复:我们的文化是任何暴力所不能够摧残的!

十一月二十五日在桂林。"

掷地有声,振聋发聩,八十个春秋驶过,巴金的呐喊"我们的文化是任何暴力所不能够摧残的!"言犹在耳。我们在本卷制作的行进中,一直被巴金的话所感奋所激励。每一本抗战刊物背后都会有自己的故事,有待研究者开掘出来,使得抗战史研究更丰满、更深入,更多新视角、新成果。

茅盾主编的《文艺阵地》也是一面光荣的抗战旗帜。其刊史比较巴金的《文丛》似乎更为曲折。1938年4月16日创刊,刊物原在武汉筹备,创刊前茅盾移居香港编辑,在广州排印出版。刊物以"文艺阵地社"名义印行,实际出版事宜均由生活书店负责。自同年6月1日第1卷第4期起,由于广州遭敌机轰炸,改在上海排印,由生活书店将印成的刊物运往香港,再辗转发往内地,还有的发往南洋一带。1938年夏,茅盾离开香港赴新疆,从1939年1月16日第2卷第7期起改由楼适夷代编。同年夏,楼适夷被迫离港赴沪,从第3卷第5期起,编务随之移到上海进行,直到1940年8月第5卷第2期被上海租界当局

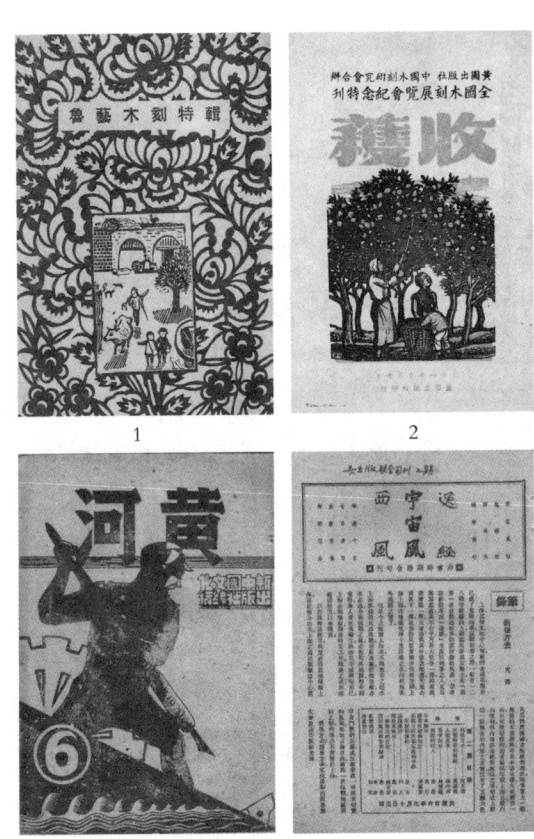

1. 木刻是抗战宣传画用得较多的艺术手段,这一类期刊尤为稀见
2. 寒斋保存的抗战时期艺术刊物之一种
3. 抗战时期西安出版的刊物,作家谢冰莹主编,封面画即表示以笔为枪
4. 抗战时期出版的此类"非常时期联合刊物"亦属珍罕物,颇应留意搜集

查禁停刊。1940年冬，茅盾辗转回到重庆，年底《文艺阵地》在重庆筹备复刊，1941年1月10日续出第6卷第1期，茅盾任主编，另设编委会，由以群、艾青等七人组成。由于"皖南事变"政治形势恶化，多数编委离开重庆，刊物的编辑出版大受影响，至1942年11月20日第7卷第4期因国民党当局阻挠刁难，被迫停刊。

巴金茅盾等著名文学家主编的抗战文化文学刊物，无可置疑地成为抗战史研究不可或缺之瑰宝。随着纸质古旧原版图书报刊的加速老化及不可修复性，刻不容缓的工作即是复刻与影印，化一为万，以利永久保存。我们应该优先考虑这些名牌刊物。

旗帜鲜明，一望而知的抗战文化文学期刊有《抗到底》《抗战文艺周刊》《抗战艺术》《战斗在春天》《抗战十日刊》《战时艺术》《战时文艺》《战时文化》《北战场半月刊》《笔阵》《文阵丛刊·水火之间》《文阵新辑》等。这些杂志名不见经传，特殊的时代给予它们特殊的使命。这些杂志刊期至多二十来期，多为两三期即夭折。它们在完成历史使命之后，长久以来似乎被遗忘了。我们将它们收入本卷，意在唤醒沉睡的记忆。

此外，尽管流失了大批一流作家，京沪两地的文化文学刊物依旧保持着战前的领先地位。如上海的《杂志》《万象》《文艺春秋副刊》《文艺世纪》《自由谭》《七月》《天下》等；北京的《辅仁文苑》《华光》《新光》《燕京文学》等。越来越多的研究者将这些刊物作为专项课题，为抗战史研究增加了新视角。

本卷百余种文化文学期刊，尚不足以涵盖和表现抗战时期文化与文学的全貌，这是一件全新的出版工作，我们将继续努力。

二〇一九年十二月二日

从"石埆壬藏书记"书票说起

一直想写写二十年前从琉璃厂拍卖得来的这本书《北平风俗类征》。1950年9月，谷林自沪迁京之初，去八道湾拜访落魄的知堂老人。四十三年之后，谷林回忆写道："我又说想看些讲北京乡土风俗的旧书，他（知堂）介绍《北平风俗类征》。"(《曾在我家》)《北平风俗类征》，李家瑞（1895—1975）编，1937年5月由商务印书馆出版，像杂志那般大的开本，上下册。我所得者为黑漆布精装本，里封贴有"石埆壬藏书记"书票。稀见书加上藏书票，我很喜欢又担心他人竞争。二十年前的古旧书拍卖，不像今天似的剑拔弩张，拍客大多温良恭让，很少出现死缠烂打的竞价。那场拍卖，冷冷清清，不像现在场场人气爆棚。书友柯卫东坐在我前面一排，此人很懂书的好坏，事先并没有沟通，前面几轮叫价柯引而不发，我性子急，轮轮出价，叫到900元时柯突然举牌，全场默然，眼看着这书要被柯

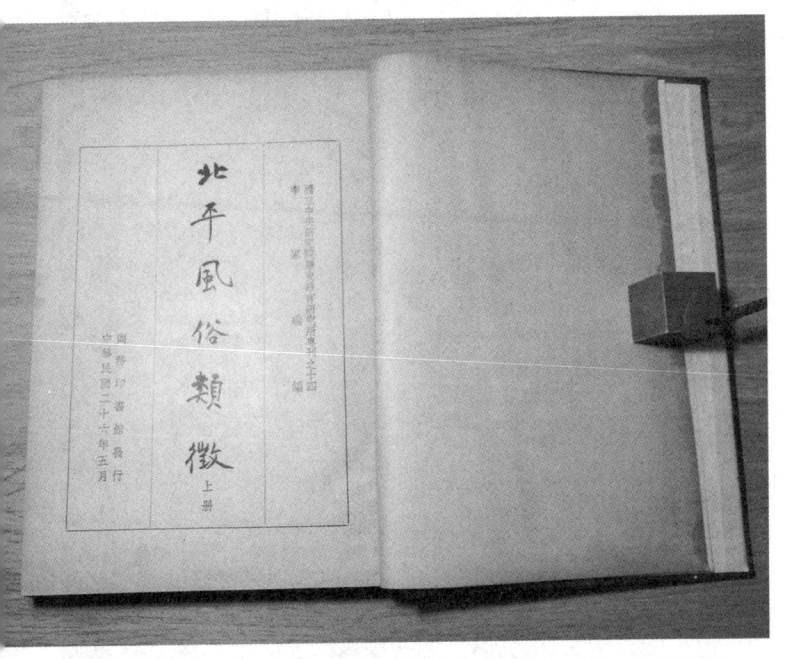

谷林回忆写道:"我又说想看些讲北京乡土风俗的旧书,他(知堂)介绍《北平风俗类征》。"(《曾在我家》)《北平风俗类征》,李家瑞(1895—1975)编,1937年5月由商务印书馆出版,像杂志那般大的开本,上下册。我所得者为黑漆布精装本

《北平风俗类征》里封贴有"石埔壬藏书记"书票

拍去，我忙举牌，1000元书落我手。柯很大度地回头微微一笑，友谊的小船安然无恙。

这几天想写写这枚"石埻壬藏书记"书票,苦于对"石埻壬"这个票主知之甚少,不敢贸然动笔。正当此时，忽然，读到了本报（《上海书评》）所刊冬晖文章《从〈藏书票特辑〉说我国早期藏书票》，颇感觉到有兴趣，这兴趣并不在于冬晖文章有何新的发现——老实讲中国藏书票这口井早已枯竭，感兴趣的倒是冬晖文章的观点和逻辑。

在关乎图书的领域我极少有话语权，唯独"中国藏书票"这个话题自认为讲点什么尚"有点儿分量"。曾经写过多篇关于藏书票的小文章，如《我泼我的冷水，他写他的藏书票》《我们羞涩的藏书票文献竟都出自叶氏之手》《藏书票和藏书应密不可分》《中国人最早使用的藏书票》《叶灵凤〈完璧的藏书票〉的怪论》《中国藏书票早期文献》等。我对中国藏书票历史和现状的看法，尽在这几篇小文中，似乎该说的话，该表达的观点都说完了。现在，感觉又有话可说了。

大量的文献记载与实物都说明和证明关祖章才真正是"我国首先设计使用私人藏书票的",而非叶灵凤。虽然叶灵凤完全可以算作中国藏书票的先行者,可是毕竟在实践(使用)藏书票时间上晚关祖章至少十五六年。

吴兴文著有藏书票专著多部,我之所以大泼他的冷水,是因为像所有舶来品的命运一样,藏书票早已变了味道,吴兴文仍旧书生气十足地孜孜以求地宣扬藏书票的美好。为害最烈者当属北大百年校庆电脑制作的藏书票集,不但带坏了节奏,甚至以两千元高价兜售于天真的藏书票爱好者。之后,各种跟风的打着藏书票名义行捞钱之实的出版物接踵而来,其中即有冬晖文章提到的"上海科技教育出版社的《纸上宝石:藏书票的收藏投资》",这样赤裸裸的拿藏书票作为投资的书。

前面自吹自擂的"有点儿分量"者,盘点如下:

1. 寒舍收藏有已知全部藏书票文献性的刊物《现代》《文艺画报》《万象》《小说半月刊》《太平》。

2.《现代版画》第九集《藏书票特辑》，寒舍亦有幸存藏。

3.曾参观过国家图书馆所藏西洋藏书票实物展览。才知道国人好用"方寸"来比喻藏书票真是"坐井观天"。写有观后感"看到了号称世界第一票的'刺猬藏书票'，看到了号称中国第一票的'关祖章藏书票'。关祖章这张票贴在《京张路工摄影》里页，另钤有一方关祖章藏书印，我记得那方印很大。小小的一间展室布置得像一位西洋藏书家的书房，多数书票是贴在图书上的，西洋书多为大开本，相应的藏书票亦尺幅宽阔，可不像现在的藏书票小里小气。看过顶级的正宗的藏书票以后，顿生'黄山归来不看岳'之感。"顺带说一句，《京张路工摄影》（坊间一直误为"京张铁路摄影"）出版于清末，关祖章最迟在二十世纪二十年代就往上贴票了，不会给叶灵凤留有争第一的机会。说句玩笑话，等到二十世纪三十年代"宋叶施"们玩藏书票玩得不亦乐乎之时，关祖章早已移情别恋，玩起了古董。

4.若干年前有人在博客留言："谢老师：您好，我想请外国艺术家为你制作一张藏书票,然后送您2张原作,我们准备搞文化人藏书票展,请给予支持。同意的话,请告知主题及票主。"当时我没太在意,回答得漫不经心,只是强调主题要西洋书房风格,千万别给我来中国民族风格。没承想藏书票真的做成寄给了我。这位朋友请的是保加利亚艺术家格林做的这款书票,制作工艺为铜版腐蚀,票幅为九乘十二厘米。我非常喜欢,只是说"谢其章"三字摆放得有点呆板,朋友说难为洋人写汉字所以发愣。我又开玩笑:"此票还麻烦洋人啦?这么说此票饱含国际友谊了,请代我向格林先生致意。"

5. 被誉为藏书票"圣经"的斋藤昌三《藏书票之话》,我托止庵从日本购得一部初版本,编号为"485"。并且与止庵所藏初版本(500部)里的特装本(12部),玩了一个有趣的游戏,一张一张地对比两书之异同,特装本毕竟高出一筹。

因《纸上宝石:藏书票的收藏投资》而躺枪的柯卫东,在我问起石埇壬的情况时,他不紧不慢地给我传过来几张图。我大吃一惊,深藏不露呀,能借给我用在文章里么，柯卫东像二十年前一样，大度地说，用呗。石玷壬就学于燕京大学社会学专业，他的毕业论文《一个农村的性生活》手稿本，还是个厚重的精装本（上下两册）。我不懂"晒蓝本"，只想着八十年前石玷壬的论文如今能出成书么，总比纠缠在小小的藏书票上有意义吧。

二〇一九年十一月六日

老《电影》杂志里的"五朵金花"

一、"货腰女郎"钱爱华

十七年前春季,北京大疫,古旧书刊拍卖为了避免人群聚集,改为电话竞拍。在那场拍卖我拍到四大册合订本电影杂志,其中一册是十几本《电影》。《电影》1938年9月创刊,上海友利公司出版。我想做的是挑出五期封面女明星,来写写她们。

钱爱华(1917—1948)曾用名汪洋(一说原名。奇怪的是两个名字轮番出现在《电影》杂志里),浙江南浔人。钱爱华的姐姐是很有名的运动员钱行素(1915—1968),1939年,钱爱华成为艺华影业公司的签约艺人,可是各种小报传播的尽是她个人生活的花边逸闻,而且隔了好几年,相同的标题会出现在不同的小报,寒舍即存有这样的小报，可见彼时的都市趣味。

本期《电影》封面是钱爱华，里面还有一整页的摄影《新人钱爱华》，六张生活照好像是同一天同一个公园里拍的。在《电影论坛》栏目里正巧有篇《影坛需要新人》，称"到现在，新人的走上银幕，较之前几年影坛也容易许多，歧视新人的现象既少，企业家们因为新人也的确比老将们要好，所以对新人也减少了失败的顾虑"。"我们现在的影坛，它的基础是还没有巩固，就是观众吧，'明星迷'的观众似乎也比'影迷'来得多，这时的新人如果没有良好成绩的话，于观众是会失望的。"

"明星迷"与"影迷"的划分，于今也是有意义的。前者痴迷于明星个人的异彩，后者痴迷于电影的艺术魅力。

钱爱华除了绯闻之外，她到底演过什么电影呢，在《电影》里一字也查不到，也许是我所见未广。倒查到了她的住址，在长长的《影人通讯录》里有一行"汪洋愚园路六〇八弄六〇号"，右挨着大明星舒适"环龙路三〇八号"左挨着也是大明星顾也鲁"延平路廿六号自由农场"。

此外还有两条关于钱爱华的报道,撮合在一起,大意是:"汪洋原以钱爱华的名字,由货腰女郎出身的,虽然摇身一变,肩着'电影明星'的衔头,但碌碌无所建树,自始至终不过充当一位陪角罢了。兹者,消息传来,汪洋已于日前悄然抵港,回复老本行,重度伴舞生涯。"

二、"梁氏四姐妹"之梁赛珠

因了这期《电影》的封面是抚琴的梁赛珠(1914—1987),所以"梁氏四姐妹"由她做个代表,实际上四姐妹都要写上一点儿。四姐妹,梁赛珍是大姐,赛珠是二姐,下面两妹妹是梁赛珊和梁赛瑚。四姐妹1935年同台出演电影《四姊妹》(联华影业公司出品),虽然除了大姐梁赛珍以外的三姐妹几乎没有电影表演的经验,可是凭着天赋的才华,居然大获成功,"难以相信她们是新人,她们的演技,实在可以追及大姐梁赛珍那样老练"。一时传为影坛佳话。有个影评说得好,"以真的四姊妹,饰银幕上的假四姊妹,《四姊妹》还是第一次"。

四姐妹有一个签名很有意思,竖写"梁赛",然后下面横写"珊珍珠",小妹赛瑚未知何故缺席,不然"珊瑚珍珠"一串更有趣味。

四姐妹组合,能歌善舞,谁也不拖后腿。百代唱片公司曾为她们量身定做了《四姊妹歌》作为同名电影插曲,由安娥作词,著名音乐家任光(1900—1941)谱曲,四姐妹分部合唱。这张唱片遂成为中国音乐史的一抹流光溢彩。

大姐梁赛珍出演《火烧红莲寺》,成为艺涯一个亮点。而后不知何故卷入"阮玲玉遗书"事件里,据说是因与唐季珊的不清不白(唐季珊为联华影业公司大股东),"唐季珊虽与阮玲玉同居,但依然不改风流本性,频频'出轨'舞女明星梁赛珍,着实让阮玲玉痛苦不堪。此时,阮玲玉的前夫张达民又不断地诽谤、讹诈阮玲玉,在社会上大造特造她同唐季珊的谣言,而唐季珊在关键时刻非但没有安慰、力挺阮玲玉,反而极力撇清跟她的关系。遭受舆论和男人双重折磨的阮玲玉,于心力交瘁之际留下写有'人言可畏'字句的遗书后,在1935年3月8日自杀身亡"。多少年之后,据传"阮玲玉遗书"真伪又有了新的证据,盛传已久的"人言可畏"系子虚乌有。说来说去,好似一笔糊涂账,只有阮玲玉自杀是真实的。就算是"梁氏四姐妹",今天还有误写为"三姐妹"的。某些历史真相,权当作茶余饭后的谈资吧,不必太较真。

三、一代尤物"北平李丽"

李丽就李丽吧,为什么要加个"北平",我一直只是好奇,却未追究过为什么。这回写"五朵金花"是个机会,弄弄清楚咋回事。

李丽(1910—2002),这个名字经常出现在画报和小报,她与钱爱华、梁氏四姊妹一样,成名于舞场和交际场。由于她的本名"李丽"太普通了,所以就加上了籍贯,成为独此一家的"北平李丽"。另有一种说法,李丽到上海滩混码头,不巧上海的交际圈已有了个红星叫"宁波李丽",说着一口京片子的李丽遂称"北平李丽"。北平李丽又由于曾经主演过电影《一代尤物》(张翼为男主角),因此得一绰号"一代尤物"。这就好比黄宗英主演《甜姐儿》后得一"甜姐儿"绰号。

北平李丽在《一代尤物》里可谓本色出演,"交际花张丽丽,美丽而富于热情。几许王孙公子,都拜倒在她的石榴裙下。在她的生活外形看来,也许是浪漫的,然而她是饱经世故的人;经验、环境,已经把她对于恋爱的观念由神圣的'恋爱至上'主义转变到'游戏人间'的阶段了。她对于向她追求的男子,也许觉得可怜,甚而觉得讨厌。可是她对着每一个人,都只有微笑——这微笑不论是乐意的还是凄苦的"。北平李丽的处世态度,倒很是有点儿像电影《蝴蝶梦》里的德温特夫人。

还有一件关于北平李丽涉嫌"间谍案"的传闻,令人将信将疑。《电影》杂志有一则长文《北平李丽事件的真实情况》,内云:"北平李丽的近况,真是一个谜!她究竟是活着还是已经死掉,简直没有人晓得!有人说她在汉口被枪毙,原因是犯了间谍罪;有人说她根本没有被捕,一直到现在过着清闲安逸的隐居生活,外传的一切都是谣言;更有人说她的被捕是事实,不过就逮的地方是重庆,不是汉口,至于是否枪毙,则又不得而知。"

其他一切云里雾里,莫辨真假,只有一条"枪毙"确凿无疑是假的，盖北平李丽后来出版了回忆录《风月误我三十年》。

四、"翩翩胡蝶最当行"

胡蝶（1908—1989），中国电影史上首位评选出来的"电影皇后"，二十世纪二三十年代是胡蝶最辉煌的演艺岁月。抗战爆发到胜利的那些日子，胡蝶处于息影状态，《电影》杂志没有忘记这位"电影皇后"，可是除了让胡蝶上上封面，面对没有新作品的影后，无计可施，只得炒炒冷饭，或者拼凑一些花边新闻，来点缀空虚的版面。

花边新闻几乎期期都有，真真假假，信则真，不信则假。试举一条《胡蝶和顾无为的一段关系》，内云："那时（1933年）胡蝶因北上拍《啼笑因缘》，给别人造谣，说她跟当时负责长官狂舞终宵，以致贻误大事，既经报章转载，哄传一时，胡蝶也无法分辩了！那时惯于投机的文明戏演员顾无为，便即认为良好剧材。随将《不爱江山爱美人》新剧大登广告，在他主持的舞台准备即日上演起来。那时除在'生意眼'下，利用时机，假以号召观众外，顾无为且复一举两得，另有仇视胡蝶，乘机大肆攻讦的作用。因为这当儿他与明星公司正为攘夺《啼笑因缘》摄演权事，大起纠纷，争执不下。……"

这则报道倒是有案可查，"负责长官"即少帅张学良，与少帅"狂舞终宵"的舞伴是胡蝶，"以致贻误大事"指的是"九一八"丢了沈阳。事实并非如此，胡蝶和少帅压根未在一起跳过舞，丢沈阳这口大锅胡蝶可背不动。可是舆情滔滔，加上马君武的诗《哀沈阳》推波助澜，胡蝶一时间仿佛坐在了火山口。马君武的诗确实写得好，但是歪曲事实的后果也是严重的。

《哀沈阳》（一）
赵四风流朱五狂，翩翩胡蝶最当行。温柔乡是英雄冢，那管东师入沈阳。

《哀沈阳》（二）
告急军书夜半来，开场弦管又相催。沈阳已陷休回顾，更抱佳人舞几回。

有评论称："马君武《哀沈阳》诗写在'九一八'事

变之后，日寇犯境，东北军拱手让土，沈阳撤守，锦州撤防，国人对退缩关内的少帅张学良尤多怨言。此诗呼应舆情、国耻、国难再拐带上风流暧昧、江山美人，流播迅即，传诵一时，垂绪至今。"

这位顾无为（1892—1961），可以算作影剧界响当当人物，却落了个"机关算尽太聪明"的结局——"顾无为志得意满很兴奋的方欲大举上演《不爱江山爱美人》，不料某闻人为张学良友谊关系，突予一言知照，嘱令不应出演。"

五、一代影后陈云裳

陈云裳（1919—2016），胡蝶之后的又一位影后。陈云裳原名陈云强，像是个男子汉的名字，如果是干别的行业尚无大所谓，干演艺行"云强"太刚了点，演艺圈老板都是"一字师"，脑子来得快，旋即用"云裳"替代了"云强"，而且出典很诗意，"云想衣裳花想容，春风拂槛露华浓"。大诗人李白的句子，量身定做似的。

陈云裳姿容出众，配得上"花容月貌"，却仍有不少影迷在《电影》杂志上问这问那："陈云裳已有夫婿否？""一个平凡的歌手，怎么几年工夫成了一颗亮晶晶的电影明星？""陈云裳本人漂亮吗？影片公司宣传她将入米高梅公司，为了在中国可以轰动吗？我以为此举过于无味了吧？"对于这个问题，《电影》编者回答："陈云裳容貌尚算漂亮，入米高梅一事根本是以误传误。"影迷与影刊的互动，说来也是个双赢的好事。唯影刊向影迷公开明星的住址，以当今的观念来说似有不妥。

《电影》上陈云裳的报道满天飞，风头之劲，力压老影后胡蝶。陈云裳一言一行，一笑一颦，都能引起影迷莫大之兴趣，"陈云裳结拜五姐妹（老大黎明晖，老二华妲妮，老三陈燕燕，老四童月娟，老五陈云裳）"，"中国电影明星照片展览会（义卖），顾兰君标价六千元，陈云裳五千元屈居亚军"，"陈云裳来沪时在船上的留影"，"陈云裳来沪后的新作，决定为平剧《游龙戏凤》改编的《一夜皇后》。当然又是一部古装片，张善琨老板预备亲自出马导演，其郑重可知"。

国人历来存有"不患寡而患不均"的思维，因此下面这两段报道未免有挑事之嫌，"陈云裳月薪千五，外加片酬及公司汽车一辆"。"陈云裳再度来沪。待遇之厚，酬薪之高，在上海诸影人已无出其右。以前胡蝶尝以元老及台柱资格，在明星公司亦不过此数，然数年之后，徒积欠薪数万元。金焰尝以二千元创片酬最高纪录。其余如袁美云、顾兰君、陈燕燕、王人美等，月薪皆无有过千元者。"金焰，时称"影帝"，袁顾陈王都是一线女明星，这样一比，陈云裳真是力压群芳。

二〇二〇年一月十五日

1.《电影》杂志封面女星李绮年
2.《电影》杂志封面影星白燕
3.《电影》杂志封面李绮年梅开二度
4.《电影》杂志封面"电影皇后"胡蝶

封面画里的古诗词

寒舍所藏古旧杂志,许多封面都令人联想起古诗词来,有点一画一诗的意味,饶有趣味。特为掇拾十几帧封面画来,配上诗词,并不见得都那么契合,姑算作一种新的尝试吧。

二〇一九年十二月二十三日

一九四四年一月《大风》杂志新年号

元日

（宋）王安石

爆竹声中一岁除，春风送暖入屠苏。
千门万户曈曈日，总把新桃换旧符。

一九一四年八月《游戏杂志》

弹琴

（唐）刘长卿

泠泠七弦上，静听松风寒。
古调虽自爱，今人多不弹。

一九三〇年二月《快活》杂志

宫中词

(唐)朱庆馀

寂寂花时闭院门,美人相并立琼轩。

含情欲说宫中事,鹦鹉前头不敢言。

一九三九年《大戏考》

寄扬州韩绰判官

(唐)杜牧

青山隐隐水迢迢,秋尽江南草未凋。
二十四桥明月夜,玉人何处教吹箫。

一九四四年《苦竹》杂志

日本古俳句

夏日之夜,有如苦竹;
竹细节密,顷刻之间,随即天明。

一九三五年《舞风》

无题

瞿秋白

不向刀丛向舞楼,摩登风气遍神州。
旧书摊畔新名士,正为西门说自由。

一九二六年《礼拜六》

木兰辞

(南北朝)佚名

东市买骏马,西市买鞍鞯,南市买辔头,北市买长鞭。旦辞爷娘去,暮宿黄河边,不闻爷娘唤女声,但闻黄河流水鸣溅溅。旦辞黄河去,暮至黑山头,不闻爷娘唤女声,但闻燕山胡骑鸣啾啾。

一九五〇年《四十年来之北京》

古树

（唐）徐凝

古树欹斜临古道，枝不生花腹生草。
行人不见树少时，树见行人几番老。

一九三五年《宇宙风》

问刘十九

（唐）白居易

绿蚁新醅酒，红泥小火炉。
晚来天欲雪，能饮一杯无。

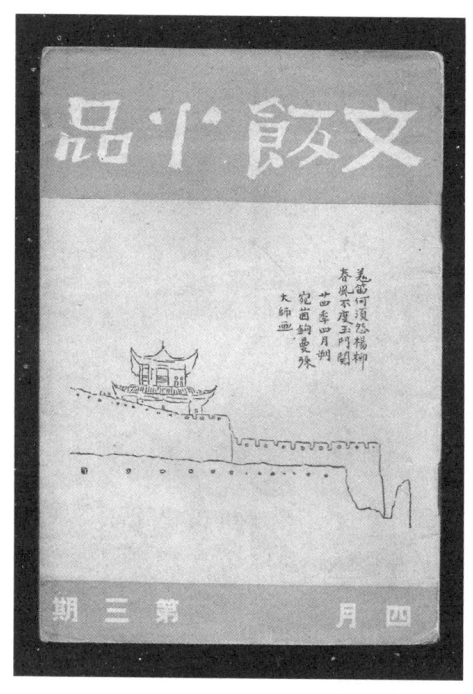

一九三六年四月《文饭小品》

凉州词

（唐）王之焕

黄河远上白云间，一片孤城万仞山。
羌笛何须怨杨柳，春风不度玉门关。

一九一六年《小说画报》

始闻秋风

(唐)刘禹锡

昔看黄菊与君别,今听玄蝉我却回。
五夜飕飗枕前觉,一年颜状镜中来。
马思边草拳毛动,雕眄青云睡眼开。
天地肃清堪四望,为君扶病上高台。

一九一五年《小说新报》

玉楼春·红酥肯放琼苞碎

（宋）李清照

红酥肯放琼苞碎，探著南枝开遍未。
不知酝藉几多香，但见包藏无限意。
道人憔悴春窗底。闷损阑干愁不倚。
要来小酌便来休，未必明朝风不起。

《中学生》杂志的新年赠品

过去的期刊杂志的推销之术有很多招数,如出"特大号"(声称增页不增价),如出版"专号"或"特辑"以吸引读者眼球。其中最实惠的莫过于赠品了。寒舍保存的这两件《中学生》杂志的新年赠品,下真迹一等,我用画框装起来,不明说的话,您能分辨得出来是印刷品么。

《中学生》杂志由开明书店于1930年1月创刊,总出215期,1949年后更名《进步青年》。初由夏丏尊主编。十几期之后叶圣陶接手主编。刊物质量非常高,受到中学生和家长们的欢迎,学生称刊物为"课余良伴",称夏叶为"良师益友",家长们则誉之为"子弟杂志",称呼夏叶为学生们的"保姆"。在我的藏刊中,《中学生》杂志和《青年界》杂志存有一些,那是真正的开卷有益的刊物,水平要高过很多文化杂志呢。丰子恺为《中学生》画有很多封面画，这也是我喜欢搜购《中学生》的原因。

"爆竹声中一岁除"，新的一年开始，人们都要有所表示，寄托新的希望。画家是用画笔来表达辞旧迎新的喜悦和期盼。丰子恺画过不少新年的漫画，其中这幅刊登在1948年出版的《中学生》杂志上。画名叫《新衣》，是较大的一幅，宽25厘米、长48厘米，用中国纸彩印，是作为1948年的新年赠品送给《中学生》订户的，零售的《中学生》则没有。《新衣》的上款是叶圣陶的题诗："深知天下犹饥溺，试著新衣色赧然，安得家家俱温饱，眉梢喜溢过新年。"丰子恺女儿丰一吟知道我偶得《新衣》后特来信说她没见过这幅画，我给她寄去了这幅画的照片。丰子恺一生作画无数，想来世间还有没发现的逸画。

这幅《新衣》折成四折夹（装订）在目录页的后面。年深岁久，与杂志浑为一体，不仔细看看不出来夹着一幅画呢。大概是一九九三或一九九四年的琉璃厂秋季书市，地上散落着许多旧杂志，一块钱一本，我随手挑了几本，随手一翻，啊，里面竟藏着丰子恺的画！那些年我正狂追丰子恺的画，狂追启功的字。丰子恺的真迹无力购得，启功的字画店里挂得挺多，我倒是努着劲买了一幅，就两个字"墜露"。欢喜过后，"墜露"让给朋友了。得着夹着丰子恺《新衣》的《中学生》之后，我没离开书市，把地上所有的《中学生》全捡起来细细翻看，结果当然是"有一没有二"地失望了。我当时那个贪婪的样子，是不是很像当年吴兴文在中国书店的架子上一本一本翻外文书里藏书票的情形，吴兴文怪异的翻书举动甚至引来老店员诧异的眼光，这家伙翻什么呢？

得到《新衣》之后，查找资料，知道 1935 年《中学生》新年号也赠送过丰子恺的新年漫画。（提醒"丰迷"一句，1935 年全年 12 期《中学生》封面画全部出自丰子恺手笔，非常诱人，有哪位集全了？）我后来搜求到了这期新年号，可惜丰子恺的新年漫画杳如黄鹤不知所踪。这种现象很好理解，我不是也把《新衣》撕下来装在画框里了么。其实 1948 年的《中学生》新年号我见过好几本，都是缺失赠画的，可见人同此心情同此理。《丰子恺文集》中有一篇《谈自己的画——〈色彩子恺新年漫画〉》，说的就是 1935 年新年，《中学生》也曾随刊送过一幅"子恺漫画"这事，此文是丰子恺检讨那一幅漫画的"笔误"，还

一九三六年新年号《中学生》杂志赠送给订户的夏丏尊书法,折成若干折夹在杂志首页

担心读者拿着去裱画店装裱呢。可惜《新衣》没有这么有趣的掌故,我倒是想,有心人会不会去图书馆公藏里碰碰运气,先劝告一句不要做孔乙己呀。当年施蛰存主编《现代》杂志,第三卷第一期附赠《中国木刻画选》一册(8页),不是与杂志装订在一起的,是夹在杂志里的。我买过两套《现代》,其中一套夹有叶灵凤选编的《中国木刻画选》。后来的后来,施蛰存写作回忆《现代》文章时,特地去各图书馆翻过《现代》找这个赠品,均杳如黄鹤。我忽然想到,施蛰存有可能翻找的方法不对,我的附赠品并不在第三卷第一期,当年的书主随手给夹到别的期里去了。我是全套《现代》翻了两遍才找到的,这也许是赠品与杂志不装订在一起的"弊端"吧。

查资料后得知《中学生》1936年新年号赠送给订户的是夏丏尊的书法条幅,写的是一首励志诗:

击楫澄清志未伸,时艰依旧岁华新。
闻鸡起舞莫长叹,忧患还须惜好春。

"不见可欲其心不乱",夏丏尊的字比之启功有味道得多，我喜欢，必得之而后快。怎么办呢，怎么才能得到这期《中学生》新年号呢，怎么才能得到夏丏尊的字呢？时隔二十多年了，现在可以说了吧。其实手段并不高明，也许是读者诸君常用的手段。但是我说了，你们可不要把天下所有被开了天窗的杂志通通归罪于我。

二〇二〇年十二月二十二日

一九五〇年元旦的《大报》

写过不少"书话"和"刊话",新的一年,新的愿望,想试着写写"报话"。

虽然老报纸不是我收集的重点,可是三十年淘书生涯下来,竟然随手买到了不少古旧报纸,总数约七八千份,品种约二百来种。其中特别值得一说的有八道湾十一号流散出来的《亦报》五百余份,据此还发现了张爱玲的一篇逸文《年画风格的〈太平春〉》。这批《亦报》原主江幼农(江绍原之子)在报纸上夹了许多原稿还有许多批注,相当于自己校对了一番。知堂老人说过自家订阅的《亦报》看过之后江幼农会拿去看看。这么一来这批《亦报》的意义就不应等闲视之了。

《大报》与《亦报》前后脚在上海解放后创刊,《大报》远没有《亦报》那么大名气，这原因我在这里不科普了，新近出版的《唐大郎文集》里有详细的介绍。一直以来，我有个看法，大家不是老嚷嚷"还原历史"么，古旧报纸不失为一个"回到历史现场"的向导。报山报海，从何说起呢，就从一九五〇年元旦的《大报》说起吧，重点说说这一天报纸里演艺界明星喜迎新年的心情。

《大报》名为大报实为小报，二三四版是轻松娱乐的基调，第一版是新闻版，与过去上海滩小报泾渭分明。首要位置刊出上海市市长陈毅题词"贯彻反封锁六大任务为克服困难建设新上海而奋斗"。陈市长题词表明了上海那时内外环境是很严峻的，"河静敌未清"呀，外部的封锁大家都知道怎么个情况，内部的呢，建议看看达式常主演的电影《难忘的战斗》。

第一版的要目还有《万众欢腾同庆翻身年——公园免费开放两天，职工街头舞龙耍狮》《华东农展隆重开幕·农村劳动英雄特向工人拜年》《解放大军入滇已抵昆明以东》《面粉火柴绒线今起普遍减税》。

二三版为《一九五〇年元旦笔会》，周錬霞写《第一课》。周錬霞才貌出众，这几年很红，有不少专门研究周錬霞的文章和单行本。周錬霞写道："从今天起，一切旧的，残余的丑恶，都随着一九四九年，像风一样地过去了，无影无踪；像水一样地流去了，永不回头。现在已是一九五〇年的阳光，照临到人间：建设起崭新的，完美的世界。人们都要像天真的孩子，没有忧愁，更没有机诈，开始我们新的人生；正像幼年读四书的第一课：'学而第一……学而时习之，不亦悦乎'是的！我们大家都在学习，学会了习，什么都是可以搞得好的，岂不就是喜悦吗？有了喜悦的情绪，才会产生热烈的希望。可是，面临着希望的时候，我们千万别忘记，——要对着希望努力进行，莫对着希望因循等待！"

新的一年开始，古人有"书红""开笔"之习惯，柳亚子诗云："天增岁月人增寿，春满河山洗甲兵。元旦书红万事吉，今年先遣下东宁。"卢冀野在元旦的《大报》里写有《元旦开笔》，把这个传统说了个明明白白："在我十岁光景，到了元旦，曾祖母便指点我，她念着我写'元旦开笔，笔上生花，花中结果，果然如意'这十六个字，那时我还不懂什么'顶真',其实这就是'顶真格'。曾祖母是八十来岁的人了,她一定也为我剪红纸作'笔、锭、如意'状;将我写的这些字一并贴在窗棂上。她老人家说:'元旦是一年的第一天,在这一年的第一天开始执笔,要取个吉利儿。'我从那时起到现在老是离不开笔,东涂西抹,混了半生;她老人家逝世已有三十多年了!"在新时代的感召下,周鍊霞《第一课》的热情与卢冀野一样是兴奋的、向前的,唯欠缺一点卢冀野的温馨和安稳。好的文字应该给读者一点实实在在的知识。

第四版有很多我喜欢的电影演员。白杨的题词"做一个老百姓喜闻乐见的报纸",这句话小有语病吧,似应是"做一个老百姓喜闻乐见的演员"才恰当。如果是《大报》创刊初期这题词合适。我忽然想到是不是《大报》编辑为了美化版面或烘托气氛把白杨以前的题词搁元旦版了。白杨在电影《一江春水向东流》的表演感人至深,巧合的是电影里庞浩公饰演者周伯勋在白杨题词下面有《元旦试笔》一句话——"希望每一个人都跟着一九五〇年的来临,而随之走上更新的大路。"

《元旦试笔》里还有陈天国的贺词"新年！新生！从新学习做新人"。这位陈天国（1912—1967）大家可能不大熟悉。他是秦怡的第一任丈夫，也是一位演员。建议去看看老电影《天罗地网》里陈天国扮演的公安人员王英，棒极了。这部反特电影里扮演特务的卫禹平（1920—1988）与白杨在《新闺怨》里扮演夫妻，演技超群。

金焰是二十世纪三十年代的"电影皇帝"，也是秦怡的第二任丈夫。金焰在《大报》元旦号上写了一首散文诗《新年颂》，此时金焰三十九岁。在《新年颂》的旁边是一则影讯《新年上映的〈乌鸦与麻雀〉》，剧照是黄宗英和魏鹤龄在电影里的一幕戏，台词我都熟得能背出来。黄宗英以九十五岁高龄这个月刚刚去世，七十年前的《大报》记录了黄宗英的花样年华。

把《大报》这些小掌故串连起来，会带着我们回到岁月静好山河无恙的年代。

二〇二〇年十二月二十五日

游走于"鸳蝴"和"通俗"之间的旧派文学

1962年上海文艺出版社出版了《鸳鸯蝴蝶派研究资料》(史料部分)。前面的文章多为对于"鸳蝴"派的口诛笔伐,后面才有了郑逸梅《民国旧派文艺期刊丛话》和范烟桥《民国旧派小说史略》、严芙孙《民国旧派小说名家小史》的"史料"文字。很显然,"旧派文艺""旧派小说"都是为了躲着"鸳蝴"而生憋出来的一个托词。学者范烟桥为着研究的方便,"发明"了一个中性的词"通俗文学"。我最近为同一个选题,写了两篇前言。读者自能分辨出哪篇是哪篇。

一百年前的"五四"和新文化运动,催生了新文学的萌芽。一百年前新文学破壳而出,却发现眼前横亘着一座大山,一个强劲而美艳的对手——"鸳鸯蝴蝶"文学。经过二十多年的厮杀缠斗,起源于清末民初的"鸳鸯蝴蝶"

文学逐渐衰落甚至溃不成军，不敌精锐猛进的新文学阵垒，直至一九四九年前夜，"鸳鸯蝴蝶"文学寿终正寝。

鲁迅先生一九三一年曾说："到了近来是在制造兼可擦脸的牙粉了的天虚我生先生所编的月刊杂志《眉语》出现的时候，是这鸳鸯胡蝶式文学的极盛时期。后来《眉语》虽遭禁止，势力却并不消退，直待《新青年》盛行起来，这才受了打击。"（《二心集》）"鸳鸯蝴蝶"文学与新文学互为消长，鲁迅先生用两个阵营的代表刊物做了精辟概括。由此我们得出一个观念，所谓文学流派（文坛）交锋，实质上比拼的是双方拥有期刊杂志的数量。其中最典型的战例，莫过于沈雁冰（茅盾）一九二〇年夺取"鸳鸯蝴蝶"文学重镇《小说月报》的主编权。经此一役，新文学快马扬鞭奔向前，"鸳鸯蝴蝶"文学则"金陵王气黯然收"。

如今我们站在一段文学历史的终点，重新审视和评介一段文学历史起点的"鸳鸯蝴蝶"文学，也许会发现"鸳鸯蝴蝶"文学的流风余韵并未彻底消歇，只不过换了块招牌或化整为零而已。一九九二年黄安的《新鸳鸯蝴蝶梦》唱出了历史的沧桑和轮回："看似个鸳鸯蝴蝶，不应该的年代。可是谁又能摆脱人世间的悲哀,花花世界鸳鸯蝴蝶。"

作为近现代期刊杂志史的重要组成部分,"鸳鸯蝴蝶"文学刊物理所应当占有一席。范伯群教授主张现代文学研究"双翼齐飞",意即加强偏弱一方"通俗文学"的研究。所谓"通俗文学"其祖师爷不就是"鸳鸯蝴蝶"文学么?郑逸梅更是委婉地称呼"鸳鸯蝴蝶"文学为"旧派文学"。其实郑逸梅所述"民国旧派文艺期刊",泰半收入本卷,如《游戏杂志》《民权素》《七天》《五铜圆》《星期》《香艳小品》《紫罗兰》《新月》《大侦探》《茶话》《橄榄》《繁华杂志》《红玫瑰》《快活》《饭后钟》《真美善》等七十种佼佼者。当然,我们也没忘记收入鲁迅先生"御批"的《眉语》,说实话,《眉语》的封面画,一百年后仍令人目迷五色。"鸳鸯蝴蝶"文学反封建反迷信的积极进步主张,语言文字的圆熟通畅,及传统文学的深厚素养等等诸方面,均不失为宝贵的文学遗产,理应长久地流传散布,这也是我们蒐求整理"鸳鸯蝴蝶"文学卷的初衷。

通俗文学,古已有之,并非新鲜事物,但是借助于期刊杂志这个新式传媒利器,便如虎添翼、如龙入海地勃兴发达起来,长盛而不衰。

简言之,一百多年来所产生的文学期刊,大致可以分为两类,一类为新文学期刊,一类为通俗文学期刊。新文学倾向启蒙和教育,通俗文学侧重娱情和可读,实际的情形并非泾渭分明,常常是你中有我,我中有你。更多的时候两类期刊的区别仅在于,谁的文字更白话更深刻更新潮更通俗,最终的目标是一致的——争取全部的各阶层的读者。

这里举一个简单的例子,鲁迅是新文学作家,张恨水是通俗文学作家,应该没有异议吧。可是这并不妨碍鲁迅给母亲买张恨水的小说读——"母亲大人膝下敬禀者……又,三日前曾买《金粉世家》一部十二本,又《美人恩》一部三本,皆张恨水所作,分二包,由世界书局寄上,想已到,但男自己未曾看过,不知内容如何也。……男树叩上。广平及海婴同叩。五月十六日。"

通俗文学期刊与新文学期刊,于现代期刊史上发生过激烈地冲突和碰撞,这样的情形出现在新文学期刊的萌芽阶段,而通俗文学期刊的历史要早上二十年。冲突和碰撞的结局,不宜下结论孰胜孰败,总体上来说,共存共生,平分天下而已。

客观地讲,曾经风光无限拥有广大读者的通俗文学期刊,渐行渐远,即便是为了保存文化史料计,在影印复刻期刊杂志的文化工程方面,通俗文学期刊远远落后于新文学期刊。这种落后,不妨看成一种追赶的机遇,这也是我们启动通俗文学期刊影印工作的初心。

本卷的通俗文学期刊,涵盖了那些经典的刊物,如《繁华杂志》《紫罗兰》《小说画报》《真美善》《金刚钻月刊》《红茶》等,堪称精华里的精华,尘封已久,首次面世,诚为保存文化遗产的有长远意义的工作。

二〇一九年九月十日

鸳鸯蝴蝶派杂志经眼录

昔年读郑逸梅《民国旧派文艺期刊丛话》,感到非常有兴趣。按图索骥,竟然将郑逸梅所列113种文艺期刊找到了六十余种,成绩不算坏。没有列入郑逸梅名单的此类杂志寒舍另有所藏。近日因为影印出版的原因,为这批杂志填写"提要",其实算作私藏之"经眼录"也不是不可以。为此增加若干私藏之图片书影很有必要。特别说明一句,这四十余种杂志并非影印工作的全部,却是我个人确确实实存藏的杂志。

《自由杂志》

1913年9月于上海创刊,《申报·自由谈》汇编,童爱楼编辑。封面为丁悚绘滑稽画,栏目设置《游戏文章》《海外奇谈》《古今闻见录》《新剧本》《小说丛编》《自由室杂著》等。出版两期后改组为《游戏杂志》。

《小说新报》这幅封面画或可题为"当窗理云鬓,对镜帖花黄",只是怠慢了那轮明月

《白相朋友》

1914年9月于上海创刊,广益书局出版发行,胡寄尘编辑。"白相"乃吴语方言,意即"玩耍""游玩"。栏目设置《说书的朋友》《看戏的朋友》《养鱼的朋友》《唱歌的朋友》《猜灯谜的朋友》《打诗钟的朋友》《种花的朋友》《代人通讯的朋友》等。

《繁华杂志》

1914年9月于上海创刊,锦章书局刊行,海上漱石生(孙玉声)编辑。沈泊尘绘水彩封面画。栏目设置《小说林》、《滑稽魂》(实为滑稽漫画,甚精彩)、《菊部记余》、《新剧潮流》、《游戏杂俎》、《文艺志》、《谈薮》、《锦囊》等。出六期止。

《快活世界》

1914年8月于上海创刊,快活世界社出版发行,庄乘黄编辑。栏目设置《著述》《传记》《译林》《文苑》《剧谈》《笔记》《书画》《谐文》《诗话》《小说》。出两期止。

《五铜圆》

1914年7月于上海创刊,五铜圆周刊社出版发行,吴双热编辑。因售价五铜圆，故以为刊物名。栏目设置《或曰放焉》《说苑新声》《阿要热昏》《骚坛倒运》《鸡零狗碎》。

《游戏杂志》

1913年12月于上海创刊，中华图书馆出版发行，王钝根、天虚我生（陈蝶仙）编辑，月出一期。封面水彩仕女，多为丁悚手绘，前扉多同人小照，名胜风景，书画美术。栏目设置繁多，有《滑稽文》《剧谈》《谈丛》《说部》《译林》《乐府》《魔术讲义》《戏学讲义》《诗词曲》《传奇》等。

《余兴》

1914年8月于上海创刊，有正书局出版发行，时报馆余兴部编辑，月出一期。栏目设置《游戏文》《游戏诗》《小说》《词曲》《时文》《谐经》《日记》《游记》《新剧》《杂谈》《歌谣》《风俗记》《点将录》《故事》《笔记》《尺牍》等，包罗各种文体。

《娱闲录》

1914年7月于成都创刊，四川公报增刊，四川公报社编辑。栏目设置《长篇小说》《短篇小说》《游戏文》《插画》《杂说》《名胜志》《益智集》《异闻录》《笔记》《文苑》《剧本》等。

《织云杂志》

1914年9月于上海创刊,扫叶山房出版发行,顾痴遯、杜啸霞编辑。前扉设"本杂志撰述者》小照。栏目设置《文选》《诗词选》《谐文》《小说》《传奇》《谈丛》《杂俎》。仅出两期。

《七天》

1914年10月于上海创刊,锦章图书局出版发行,海上漱石生(孙玉声)编辑。周刊(七天一刊),栏目设置亦七类:《开天眼》《破天荒》《鸣天籁》《发天笑》《摘天艳》《泄天秘》《抉天趣》。各栏内容为小说、新知、笑话、谜语、戏剧等。

《民权素》

1914年4月于上海创刊,民权出版部出版发行,刘铁冷、蒋箸超编辑。该刊"文言多于语体,创作多于翻译"。栏目设置《名著》《艺林》《诗话》《游记》《说海》

《瀛闻》《谈丛》《剧评》《碎玉》《谐籔》。

《滑稽时报》

1915年4月于上海创刊，有正书局出版发行，时报馆编辑。栏目设置《说林》《译业》《谐著》《拾遗》《游记》《剧谈》《诗话》《小说》《史乘》等。出四期止。

《礼拜六》

1914年6月创刊，周刊，出至二百期终刊。中华图书馆出版发行，王钝根、孙剑秋编辑。前一百期为清一色的小说。1917年，为了推广销路，将前一百期长短篇各式小说九百余种，精装汇订十厚册，配以玻璃书箱，半价出售。

《眉语》

1914年10月于上海创刊，新学会社出版发行，高剑华编辑。封面仕女画多为郑曼陀、胡伯翔所绘。鲁迅文章中曾提到过《眉语》。栏目设置《图书》《长篇小说》《短篇小说》《文苑》《什纂》。撰稿者多为女性作者。

《春声》

1916年1月创刊于上海，文明书局出版发行，姚鹓雏编辑。柳亚子为创刊号作序，吴芝瑛、于右任题签，郑曼陀绘封面。栏目设置《短篇小说》《长篇小说》《笔记》《剧谈》《诗词选》《插图》《余录》等。

《小说画报》

1917年1月于上海创刊，文明书局出版发行，包天笑编辑。有光纸石版印刷，古式装订。内容完全为白话小说，包天笑负责文字，钱病鹤负责插图。总出二十二期，非常名贵。

《饭后钟》

1921年5月于常熟创刊，王铸生为发行人，吴双热编辑。刊物名字出典波俏："相传唐朝王播，少年孤贫，客居扬州惠明寺木兰院，随僧斋食。日久，众僧厌恶，故意斋后才敲钟。王播闻声就食，扑空，因题'上堂已了各西东，惭愧阇黎饭后钟'两句诗。后遂用作贫穷落魄，遭受冷遇的典故。"

栏目设置《诗钟》《小言》《小新闻》《小说》《谐著》等。

《红杂志》

1922年8月于上海创刊,世界书局出版发行,严独鹤、施济群编辑。周刊,出一百期整数止,另纪念号一册,增刊一册。为防止脱期,每期预先印得,备足四期。朱凤竹、丁云先绘封面滑稽画。栏目设置《笔记》《杂说》《短篇小说》《长篇小说》《小品》《补白》等。

《快活》

1922年1月于上海创刊,世界书局出版发行,李涵秋编辑。栏目设置只有《短篇小说》《长篇小说》两类,间有补白。出三十六期止,却有《侦探号》《滑稽号》《离婚号》《新婚号》等八个特号。特号即专辑,乃期刊杂志推销方法之一种。

《星期》

1922年2月于上海创刊,大东书局出版发行,包天笑编辑。白话小说为主,间有少量文言作品。特号有四个《婚姻号》《武侠号》《婢妾号》《生育号》。封面多为朱凤竹所绘漫画。

《游戏世界》

1921年6月于上海创刊，大东书局出版发行，周瘦鹃、赵苕狂编辑。栏目设置《说苑》《长篇》《谈荟》《歌场》《余兴》《艺府》《谐林》《杂俎》《趣海》等。特号有《新年号》《滑稽小说号》《家庭号》《侦探小说号》等。

《紫兰花片》

1922年6月创刊，上海大东书局出版发行，周瘦鹃编辑。此为中国期刊史第一部个人杂志，周瘦鹃包揽全部作品，每期自定二十个题目，始终不变。

《侦探世界》

1923年6月于上海创刊，世界书局出版发行，严独鹤、陆澹安、程小青、施济群、赵苕狂等编辑。是刊虽以侦探为号召，亦掺杂武侠和冒险小说，沈知方称："惟三者之中，取材以侦探之作为多，故定其名曰《侦探世界》，以宾属主，夫亦示其所归而已。"侦探小说三大名家程小青以《霍桑探案》驰誉、陆澹安以《李飞探案》著称、孙了红创作的鲁平有"东方亚森·罗苹"之称号。向恺然《近代侠义英雄传》，共八十回，数十万言，按期连载。出至二十四期终刊，赵苕狂撰《别矣诸君》以结束中国期刊史第一部侦探杂志。

《社会之花》

1924年1月于上海创刊，大陆图书公司出版发行，王钝根、沈禹钟编辑。栏目设置《侦探小说》《长篇小说》《弹词》《译作》《补白》等。

《红玫瑰》

1924年7月于上海创刊，世界书局出版发行，赵苕狂、严独鹤编辑。本刊实为《红杂志》之接续者。严独鹤称："《红玫瑰》之于《红杂志》，就历史言，就事实言，殆相衡接。""两红"相加总出四百余期，就刊期数言，实为"鸳鸯蝴蝶"文艺期刊第一名。

《新月》

1925年10月于上海创刊，新月社出版发行，程小青、

鲁迅先生曾说:"到了近来是在制造兼可擦脸的牙粉了的天虚我生先生所编的月刊《眉语》杂志出现的时候,是这鸳鸯胡蝶式文学的极盛时期。"

钱释云编辑。栏目设置《插图》《特载》《短篇小说及杂作》《长篇小说》《余兴》。

《紫罗兰》

1925年12月于上海创刊，大东书局出版发行，周瘦鹃编辑。版式为二十开方形本，为期刊史首创。装帧极尽新颖美观，封面名家绘仕女图，每幅画题两句诗，如"胡琴学得羞频弄，珍重郎来为一弹"，"此是昨朝相见地，悄无人在立多时"。栏目设置《小说》《笔记》《长篇》《侦探之友》《说林珍闻》《小天地》《紫罗兰画报》等。专号出过《青年苦闷号》《歌舞号》《恋爱号》《曼殊上人纪念号》等。总出九十六期。

《南金杂志》

1927年8月于北京创刊，南金杂志社出版发行，姚君素、傅芸子等编辑。栏目设置《古物》《短篇》《剧话》《掌故》《史乘》《插图》等。总出十期，分两种装订版式。

《真美善》

1927年11月于上海创刊，真美善书店出版发行，真美善杂志所编辑。曾朴（1872—1935）与长子曾虚白创办真美善书店，出版《真美善》杂志。曾朴尝云自办书店和杂志的意图："一方面想借此发表一些自己的作品，一方面也可借此拉拢一些文艺界的同志，朝夕盘桓，造成一种法国式沙龙的空气。"《真美善》每期都有曾朴的诗作、翻译、小说、文艺评论之类的文字，若将曾虚白的作品也算在内，《真美善》可称为"父子杂志"了。

《半月》

1921年9月于周瘦鹃私宅创办，中华图书馆出版发行（五期后改大东书局），周瘦鹃编辑。封面由谢之光绘仕女图，三色铜版印，为周瘦鹃首先采用在杂志封面上。栏目设置《长篇小说》《短篇小说》《笔记》《补白》《余兴》《小品》等。

《红叶周刊》

1930年10月于上海创刊，红叶书店出版发行，许啸天、谢尔航、张士曼编辑。许啸天的作品占三分之二，栏目设置《插图》《小品》《杂文》《演讲》《读者法庭》《常识珍典》《情人辞典》等。后更名《红叶月刊》继续出版。

《珊瑚》

1932年7月于苏州创刊，上海民智书局出版发行，范烟桥编辑。每期有《结网者言》代替《编辑的话》，每期有《珊瑚画报》，刊名题写者有吴湖帆、陈树人、胡朴安、叶恭绰、王西神等。栏目设置《长篇小说》《短篇小说》《中篇小说》《笔记》《苏州写真》《上海写真》《散文》《谜话》《诗词》等。

《金钢钻月刊》

1933年9月于上海创刊，金钢钻月刊社出版发行，施济群编辑。凡例称："本刊系汇集《金钢钻报》十年来所刊各种无时间性而较有价值之文字而成。""凡报中未曾完篇之作，兹请原著作人或他人续成全璧，然后收入本刊。""本刊除采取《金钢钻报》菁华外，并搜集外间罕见之秘本及名家新作品。""本刊各稿皆自为起讫，排法亦各各不同。""本刊长篇两种，按期刊登两回。其余各稿，凡在一万字内者均一期刊毕，多则分期刊登，然至多不过四期，以免读者悬盼。"这样性质的刊物，可谓中国期刊史独一份。

《三六九画报》

1939年11月于北京创刊,北京进化社出版,王泰来、李海鸿、王柱宇等编辑。"三六九"为三日刊,每月逢三、六、九、十三、十六、十九、二十三、二十六、二十九日出版。内容驳杂,图文兼备。栏目设置《小说连载》《时评》《剧谈》《青年文艺》《漫画之页》《名伶行踪》等。

《红茶》

1938年6月于上海创刊,红茶文艺社出版,胡山源编辑。胡山源透露:"《红茶》的稿子,大半出于我的手笔,就因为没有稿费,招揽不到多少外稿之故。"外稿作者有朱生豪、赵景深、萧剑青、杨晋豪、丁丁(丁嘉树)等。赵景深连载《嘤鸣小集》,每篇记一个作家,冰心、老舍、夏丏尊、陈望道、钟敬文等。总出17期。

《橄榄》

1938年10月于上海创刊,橄榄文艺社出版,程小青、徐碧波编辑。总出五期,曰《创刊号》《酬答号》《新年号》《春节号》《清明号》。撰稿者十九为星社友朋,义务供稿,不取稿酬。

《乐观》(外一种《乐观》)

1941年5月于上海创刊，乐观杂志社出版，周瘦鹃编辑。周瘦鹃受上海九福制药公司委托编辑此刊，因此九福制药公司广告占据刊物显要位置亦在情理之中。本刊与《永安月刊》杂志同一性质，即"商业搭台，文化唱戏"，以文化杂志之面目，达推销商品之目的。内容为短篇小说、文艺、游记、文言白话、创作翻译、滑稽小品、游记、家政、妇女儿童。开本小巧，不盈一握。总出12期。周瘦鹃1947年4月又为银都广告社编辑一种《乐观》，仅出一期。

《大众》

1942年11月于上海创刊，大众出版社出版发行，钱须弥编辑。原拟名"春秋"，不意与陈蝶衣的《春秋》重名，后者登记在先，故改现名。内容分短篇小说、插图、戏剧、散文笔记、国故新知、长篇小说、史地与科学、戏剧、参考资料等。周越然《申市过去的西书店摊》，丁福保的《余之书籍癖》为稀见之题材。总出32期。

《绿茶》

1942年2月于上海创刊,绿茶杂志社出版,梁俊青编辑。不分栏目,皆短小之随笔。仅出两期。

《永安月刊》

1939年5月于上海创刊,上海永安公司发行,郑留、梁燕、刘鲁文、郑逸梅等编辑。虽为典型的商业刊物(直接以"永安百货公司"作刊物名字),但是文化分量十足,完全可以无视其商业背景。栏目设置除《笔记》《掌故》两大宗之外,可谓琴棋书画无所不包,有金鱼、园艺、养鸽、化妆、魔术、盆景等消遣小品文。总出114期。

《紫罗兰》

1943年4月创刊,林振浚出版,紫罗兰月刊社发行,周瘦鹃编辑。此种《紫罗兰》非1925年《紫罗兰》之复刊,只是同刊名同主编而已。时过境迁,刻舟焉能得剑。前《紫罗兰》时代,张爱玲只是个孩童,而后《紫罗兰》因刊载张爱玲成名之作《沉香屑·第一炉香》而洛阳纸贵,千金难求。总出18期。

萧斋收集的《金钢钻月刊》第一期

《茶话》

1946年6月于上海创刊,联华图书公司出版,顾冷观、吕白华编辑。内容庞杂,以笔记掌故,散文随笔为主。刊物办到十数期之后,拨出一半篇幅做成"刊中刊",曰《美丽》。《美丽》多载译文,偏重世界尤其是美国的内容。总出35期。

《大侦探》

1946年4月于上海创刊,第一编辑公司出版,孙了红、徐慧堂等编辑。第一编辑公司称:"我们的业务:1.代编刊物。2.承印书刊。3.绘制广告。""我们的组织:编辑部主任,陈涤夷(陈蝶衣)、文宗山、施济美。图书部主任,蔡振华。"创刊号封面和封底各为一张凶案现场图,请读者猜测案情真相,构思巧妙。内容原创和译作各占一半,译作既有真实案件,也有侦探小说。为招揽读者不惜由警局供给凶案现场照片。

二〇一九年十月七日

留住那一抹侠义江山的魅影

模范书局主人姜寻先生，雅好藏书，品位高古，能诗能文，跨界如履平地。前日姜寻忽然从微信给我传过来几组二十世纪前半叶的彩色书影，吓我一跳，咋又跨界了？

这些民国书影，真可谓"骤看惊艳，久看有味"。想三十年前，我在琉璃厂旧书店寻寻觅觅，人弃我取，很是淘得了一些这样彩绘封面的旧版书。所以见到姜寻的这批书影，顿生"似曾相识燕归来"之感。

电脑网络时代，手绘封面已成绝响，不由得一声叹息。您离近了细瞅瞅这些封面画，青山绿水，楼台亭阁，剑胆琴心，江山如画，一时多少豪杰。此情此景，今天哪里寻得见？我听行家说，那年代绘画的颜料是纯矿物，而非化学配方。闲步斋主人说得是："封面画真画得好，以大红做底子，以大绿做配合，红是正红，绿是正绿。我说正，主要是典雅，不奇不怪，自然的完全。用红容易流于火燥，用绿容易流于尖新，这里都没有那些毛病。"正所谓：岂待开卷看，抚弄亦欣然。

姜寻这批特色旧版书，有一个鲜明的主题——侠义小说。鲁迅先生曾有专论："时势屡更，人情日异于昔，久亦稍厌，渐生别流，虽故发源于前数书，而精神或至正反。大旨在揄扬勇侠，赞美粗豪，然又必不背于忠义。其所以然者，即一缘文人或有憾于《红楼》，其代表为《儿女英雄传》；一缘民心已不通于《水浒》，其代表为《三侠五义》。"

鲁迅的话，几乎乃是放之四海而皆准。鲁迅的品藻，间接给予姜寻这批侠义说部的正面价值。

二〇一九年八月十五日

藏书文化的传承与拓展

藏书文化是中国传统文化的一个分支,源远流长,根深叶茂。远的不说,近现代文人如鲁迅、郑振铎、巴金、阿英、唐弢、孙犁等都喜欢收集古旧图书,郑振铎,阿英和唐弢甚至被誉为藏书家。正是由于这些著名作家的参与,使得个人的藏书行为上升为藏书文化的层面,赋予藏书活动以积极向上的社会意义。北京的琉璃厂、上海的四马路、天津的劝业场、苏州的观前街,留下了昔日鲁迅郑振铎他们访书的无数足印;他们写作的逛书铺遛冷摊的文章,令后代的书迷们心驰神往,恨不能穿越时空回到那古旧书业的黄金时代。

老话"乱世黄金盛世收藏",二十世纪八十年代以来,随着人民生活水平的极大改善和提高,藏书热由过去知识分子的"专利"迅速向普通爱书人群传播。更是由于以黄裳和姜德明为代表的"书话"文章起到了推波助澜的作用,藏书文化持续至今而不衰。

　　藏书文化，应由读书，买书，研究，写作而有机联动，一环套一环，良性往复循环，才不至于滑入"玩物丧志"泥潭和老路。笔者编《书肆巡阅使》约稿之初，即设定了若干基本条件：作者的藏书应自成体系或特色，情调上不能混杂低级趣味，文字起码要求言通字顺。有几位作者的文章没有达标，或者虽然写得不错但是不合本书体例，只能舍弃不用。为此得罪了朋友，也是没有法子的事情。如今书面世，读者反响不错，这说明了关于藏书文化的书籍，理应在浩如烟海的图书市场占有一席之地。

　　本书有个定位，那就是从藏书文化最鲜活的一个侧面切入，而非藏书文化面面俱到的宏大叙事。这个侧面是藏书人必须迈出的第一步——访书和淘书。古旧图书不像新书那样可以轻易获得，古旧书业是一个特殊的行当，类似古玩行"三年不开张，开张吃三年"。钱少瘾大的爱书人怎么办呢，那就只有执"腿勤、手勤、口勤"三勤之法，运气总会眷顾不辞辛劳的藏书人，人们津津乐道的"捡漏"就是最妙的诠释。

访书淘书的范文和金句,光荣属于前辈们,阿英的《苏常买书记》《城隍庙的书市》;郑振铎的《北平访笺记》;唐弢的《买书》。鲁迅在北京的日子里,无数次地流连于古城的琉璃厂及周遭的冷摊晓市,所得均记入日记和书账。孙犁的淘书格言是那么接地气,"进大书店不如进小书铺。进小书铺不如逛书摊。逛书摊不如偶然遇上"。可谓深得淘书三味的金句。

约稿先从朋友圈开始,这是个省时省力的办法。一来对这些朋友的藏书旨趣较为熟悉,二来这些朋友的文字能力令人放心。其中几位如艾俊川、刘铮、胡洪侠、曹亚瑟、绿茶、宋希於即于报纸杂志出版社供职,天天与文字打交道,且"颇精于书"。胡桂林、赵国忠、柯卫东、赵龙江这几位是笔者相交三十年的老书友,知根知底,家珍他知,自是本书倚重的作者。

学者型的藏书人陈子善、止庵来压阵,为本书增重。今世首屈一指的大藏书家韦力,居然也有"痛失之书",不禁引起了人们的好奇。罗逊的职业好像是医生,居然也雅好买书,他眼光别具,关注的是新兴的古旧书拍卖,收入本书的是《泰和嘉成文稿拍卖目击记》。

说到古旧书拍卖,笔者可说是一直深度关注,浅度参与。深度,说的是拍卖会结束之后必写"拍评"。浅度,说的是偶有竞投,多作壁上观。从某种意义上来说,藏书毕竟是件硬碰硬比拼财力的游戏。孙犁说得好:"人家有钱玩得大方一些,我没钱就玩得小气一些。"就算是书林豪客郑振铎,亦不免时有感叹:"余力有未逮,竟听其他售,至今憾惜未已。"

韩智东,网名昵称"吴前",谁也没向你借钱,你紧张什么,无钱无钱的。承韩智东看得起,我被邀参观他的豪书房,满坑满谷的图书和古玩。韩智东文章的角度与他人有别,写的是"那些年北京的书店书市"。韩小我十来岁,所以他讲的书店和书市没有我不知道的和没去过的,又由于买书趣味各异,我只对他以很便宜的30元价格淘到全套"良友文库"心怀妒羡。

书市,于规模上分,有大中小几种,大者可称"全国""全市"书市,中等的称春季秋季书市。小书市小到什么程度呢，这种小书市多是旧书店的一个门脸的自拉自唱，少为人知，只有古旧书爱好者消息灵通，口口相传。这里讲两个小书市的故事，都是二十年前的事情了。一个发生在西单横二条的中国书店期刊门市部，我事先得知该店举办"清末民初期刊杂志创刊号展销"，第一天赶去，整个大厅就一两个读者，全无门庭若市人头攒动景象。一连五天，就我一个人在万千杂志丛中挑选中意的创刊号，犹如"老鼠掉进米缸"般快活。另一个故事正相反，由于信息的迟误，等我赶到琉璃厂邃雅斋书市时，这场小书市已经进行好几天了，好东西多被捷足先来者淘尽，我那个失望啊！相熟的店员见我垂头丧气的样子于心不忍，悄悄从内柜里拿出十来本关于鲁迅的旧书卖给我，算是开小灶吧。

所谓藏书文化，有一点少有人提及，其实这是一个很深奥的话题，不只局限于藏书，而是更广义的"收藏心理学"。我上面讲的小故事，里面有许多的心理活动。为什么"患得患失"情绪于集藏爱好者群体里普遍存在，为什么"文人相轻"到了收藏界转为"藏家相轻"？有人对于这种近乎病态的心理总结了一句话，"玩的就是我有你没有，你有的我的比你的好"。因此具有健康的收藏心态是必要的修养。

我在本书前言里写了:"书名里的'书肆'乃涵盖了新书店、旧书铺,甚至地摊等一切售卖新旧古今图书之场所。当然,今天的'书肆'必须与时俱进地加入网络书店,但是电子书不为本书所接受。这些作者深爱的是纸质的图书,从长远的眼光看问题,他们在做的是一项抢救工作。"

本书内曹亚瑟的《我的网络淘书生涯》,正好弥补了网络书店这一块,更多的作者还是习惯于脚踏实地面对面的传统的交易形式,一手钱一手货。有读者评说,这本书宣告了古已有之的淘书方式画上了句号,话说得有点儿悲壮,却离事实不远。作为一个资深的淘书客,我也是十几年不逛书摊了,偶尔进实体书店看到想买的书,只是记下书名然后去网上书店买,理由很简单——便宜和便捷。

域外访书和淘书,本书颇有几位作者涉及于此,像《美国淘书杂忆》(大象)、《日本访书散记》(陈晓维)、《波士顿书展纪行》(高卧)、《首尔买书记》(刘铮)、《香港书游记》(绿茶)、《京都旧书店近况》(苏枕书)、《艳遇与历险:冬季到台北来淘书》(谷曙光)、《漫步早稻田古书店街》(杨月英)。可以透露一点内幕,本书是按作者年龄排序的,这些域外访书淘书文章全部来自"七〇后""八〇后"。他们生逢盛世,人人奋进自强,且不差钱,轻轻松松地旅游加淘书。这些作者,朝气蓬勃,锐不可当,于传承藏书文化的同时,又开拓了藏书文化新的视野。

二〇二〇年十月二十九日

上辈子藏书

网络时代，网民的昵称是个非常有意思的现象，千奇百怪，眼花缭乱。我的一位雅好藏书的朋友的昵称叫"上辈子藏书"，不知他是怎么想出来的，据我的了解，他的父辈跟藏书一点儿不搭界，可是我还是觉得奇好。如今我把"上辈子藏书"拿来做题目，是想说说我父亲的藏书和读书，重点落在"读书"。

父亲今年九十八岁，除了耳聋之外没啥大毛病，能吃能睡能说能走路。每个月父亲自己用算盘算药费单据，我负责跑腿去单位报销，父亲的报销单的字写得和年轻时一样秀丽工整，我们做晚辈的远不及。

父亲七岁时插入小学二年级，毕业后由于家庭经济困难上不起正规的中学，只好上私立竞进学校（相当于初中程度的商业进修班），为的是学费能省一半。饶是这样，仅仅上了两年父亲还是退学了。失学之后，父亲在家补习功课，准备1937年下半年考高中的。继续求学之梦被战争打碎了，父亲既不能上学，又不能在家乡（宁波）就业，万般无奈，只好跟随二伯父到南京药房做学徒。也就是说，父亲的学历勉强只够初中程度，后来完全靠的是"自学"。

刚刚到南京，行装甫卸，二伯父的友人葛煜龄从厦门拍来电报，推荐父亲去厦门商务印书馆工作，二伯父觉得商务印书馆的工作更适合父亲，马上决定返回宁波，即赴厦门。父亲后来一再对我们说，葛煜龄的电报成了救命符！不然南京屠城，在劫难逃。

厦门商务印书馆并未去成，父亲被困在了宁波，一度宁波也遭到日机轰炸，全家只得迁到离市区二十里的西乡翁家桥避开战火。动乱的岁月，父亲没有荒废学习和读书，甚至希望越过高中去考大学，这当然是个幻想。父亲前些年将他少年时的读书笔记交给我保存，1939年5月18日到21日读《老子道德经》、6月21日至30日读《史通》、6月26日开始读《文史通义》……我还见到过父亲另外一册读书笔记（归我二弟保存了），读的是"外国的文艺作品如《战争与和平》，屠格涅夫的作品及法国作家的作品。同时开始读茅盾、巴金的小说。《鲁迅全集》全部读过"。不同的是前者是毛笔小楷，后者是钢笔字。

二伯父比父亲大十多岁，走南闯北，见多识广，十几岁时便进入北京前门五州药房，抗战前任南京五州药店经理。父亲回忆往事，称他们兄弟几个除了二伯父，都是"乡下人"，没见过世面，二伯父当年阔得很，每回一趟宁波光是挑担就是十几挑。1939年，对于父亲来说是人生的重大转折，祖父这年去世，远在桂林亚洲药房任经理的二伯父赶回宁波奔丧。这期间二伯父认为父亲困居宁波势必一事无成，不如跟着他去大后方闯闯。前几天跟父亲聊天，他说当时去大后方另有一层原因，父亲兄弟姊妹八个，宁波势将沦陷，家里考虑为谢家"留根"。

1987年冬天，二伯父来到我的小家住了十几天。老人家每晚洗完脚后，用手搓脚心，搓到发热为止。现在想起来这个养生方法也许很管用，二伯父活到九十五岁，若不是着急赶着接孙子（玄孙）摔了一跤，活过一百岁没问题的。

1939年9月21日，父亲跟随二伯父一行七人，历经周折（宁波乘船—奉化溪口乘汽车—金华乘火车—鹰潭—广昌—吉安—衡阳—桂林）于10月10日（忽然想起距今天整八十年矣）到了桂林，开启了一段不寻常的"勤工俭学"。桂林亚洲药房斜对面有家生活书店，父亲经常去书店看书，"开始接触进步书刊，如《大众哲学》《新哲学的人生观》《救亡日报》《读书月报》，并且订阅了《理论与实践》"。"同时读了一些胡适关于整理国故的文章，胡适所云'发现一个字的古义和发现一个行星，在科学上是有同等价值的'。受其影响，我产生了'为研究而研究'的想法。"我感觉父亲的人生观、世界观此时慢慢成形，而且想做出一番学问来。这也就能解释通了为什么很久以后父亲对我喜欢的那一套什么张爱玲呀，什么小品文杂志《人间世》《宇宙风》呀，大惑不解。

那几年里父亲随着二伯父的生意在桂林和衡阳两个地方辗转，在衡阳待的时间比桂林稍多，在衡阳，父亲结识了几个进步青年并组成了一个学习小组，父亲讲解"《联共党史》里辩证唯物主义和历史唯物主义"。不明觉厉呀！父亲这些枯燥的理论笔记，现在归我保存。家里的老相册里有一张衡阳学习小组的合影，小时候看了只觉得青春的美好，并不知此中有深意。1966年"串联"，我曾到过衡阳，也并不了解衡阳对于父亲的特殊意义。最近在读"衡阳保卫战"中日两方写的书，一边看一边想象父亲在衡阳的日子。

1944年6月，日军逼近衡阳的前几天，父亲与学习小组成员加入了"湘桂大撤退"。混乱中，学习人员跑散了，父亲跑往毕节（朋友邀他参加毕节京剧团），在一个叫"三桥"的地方，住了一宿。这一夜父亲考虑再三，"考虑要取得高学历，考虑到学术研究，考虑自己的前途"，不能到偏僻小城去，无论如何要去重庆。这是父亲自主决定的影响一生的决策。没有路费，父亲卖掉手表；没有车，父亲就徒步，就这样孤身一人跑到贵阳，已经弹尽粮绝，精疲力竭。天无绝人之路——"不期而遇到桂林生活书店经理方学武（1917—2007），他正在等待国民党宣传部派车来接湘桂大撤退的文化界人士，方学武很痛快地同意我挤在接他一家的汽车上"。就这样，父亲于1945年1月10日到了重庆，开启了人生又一段关键的历程。

通常所说的志同道合，应验在父亲初到重庆的日子里。衡阳学习小组的朋友也先后到了重庆。父亲囊空如洗,只得住在许仁铎(学习小组成员)的宿舍,许在《时事新报》做校对,夜晚上班,白天睡觉,父亲晚上便睡许的床。这样凑合了一个多月,发生了一件啼笑皆非的事,某晚父亲睡在许的同事常可的床上,不料床铺塌了,报社的总务科长上楼查看,见是外人睡在常可床上,不由分说,把常可解雇,把父亲轰走。父亲本来只愁吃饭的钱,现在还要打算住旅馆的钱。又是天无绝人之路,没过几天,父亲又遇到学习小组的赵仁祐。赵交游颇广,正在推销《联合画报》,见父亲如此落魄,便叫父亲跟他一起干。我收藏有几十期《联合画报》,曾撰文介绍这份刊物,登在《上海书评》。1966年"串联"我也到过重庆。好像有根无形的绳线,隔着悠悠的岁月,将父子牵连。

1945年5月,父亲考入中华书局总管理处,5月14日正式上班。巧合的是,母亲也是同时考入中华书局,同一天上班,同在一个科室。同事加同乡,他乡遇故知,父亲和母亲在中华书局相知相恋。遗憾的是,中华书局百年纪念时,老职工名册里并没有父母亲的名字。问起中华书局的熟人,他说早期的档案资料散失了很多。

"弱冠旅食四方游,意气凌云为国忧。重庆妖氛悲志士,桂林风物忆名流。"父亲用这首诗来概括颠沛流离的岁月。

在重庆中华书局工作的日子,也许是父亲一辈子最顺心的日子,得到书局重用,抗战胜利后第一批委派父亲到上海接管上海中华书局。1950年10月出版总署召开出版工作会议,中华书局有代表出席,会后,三联、中华、商务、开明、联营五家出版社也召开联合会议,决定在北京成立中国图书发行公司(简称"中图")。会后中华书局动员大家报名去北京"中图"工作。父亲基于三个考虑决定报名去北京:一、脱离私营的中华书局,参加公私合营的"中图",是前进的一步。二、立志研究明代历史,明代建都北京,历史资料肯定比上海多,有利于研究工作。三、北京是首都,政治文化中心,非常向往。父亲考虑的都是为了自己的理想,没有考虑母亲到北方生活的诸多不习惯不适应,而且母亲到北京后再也没有回过上海、回过宁波,而且五十岁就病故了。如今思之,父亲这步棋对母亲来讲是不公平的。母亲的钢笔字比父亲更秀丽,父母亲的字都这么好,可惜五个孩子没一个随这个优良基因。

1951年初父亲举家来到北京，在东城西总布胡同9号住了多半年，后迁居到西城按院胡同。这一年开始，父亲大量购置书籍，并记有藏书目录，图书分类采用新式的，马列居前。这本藏书目录，现在归我保存。目录中有两本书以前我特感兴趣，1933年初版本《古今典籍聚散考》和1955年三联版《骨董琐记全编》。我曾经多次明知故问，书哪去了？虽然不是什么了不得的本子，可是在没有网络之前，找起来也不是那么轻而易举，当然现在这两本书早在我的书架上了。父亲收藏的重庆版《新华日报》，现在也归我保存，王若飞"四八空难"前后的报纸是全的。

父亲的百衲本二十四史和全套的《历史研究》杂志等旧书刊，为了补贴家用，陆续卖给了中国书店。二十四史是书店来家拉走的，卖了五百块钱。我上初中的时候，曾经跟父亲去西单商场里的旧书店卖过书，有的书能打六七折收购，有的只能上秤论斤卖，年幼无知，感觉卖书很好玩似的。

按院胡同岁月最初的几年，父亲布置出一间书房，两个书架（从白塔寺木器店买的，25元。现存一个在我这

陋室书窝一隅

儿），两个玻璃门书柜，一张写字桌。墙上挂着1955年荣宝斋木版水印《八十七神仙卷》。父亲二十世纪五十年代的几千册藏书，在以后的岁月里因各种缘故散失殆尽。

1972年父亲把我从内蒙古农村调到他身边，就这样我在青海待了两年。那段日子里才多少知道些父亲的研究内容是什么，虽然似懂非懂，深感父亲的学习精神真是了不起。青海地处高原，一年中近一半多的时间是严冬，生活艰苦，吃不到蔬菜。早些年没有电灯，只有油灯照明，父亲对我讲，好不容易搞到带玻璃灯罩的煤油灯，赶紧看书写作，有时灯罩打碎，父亲大哭失声。那个时期煤油灯下写作的书稿现归我保存。在青海父亲买了不少书，现在多数归我保存。我将这些书里的购书发票一一抄录在一个小本子上，或可单独写成一篇意味深长的"藏书与读书"故事。

二〇一九年十月十五日

两个父亲的买书

两个父亲,一位是生身父亲,一位是岳父。二老都雅好买书,父亲甚至编撰有藏书目录,岳父则没有那么隆重其事。所不同的是,父亲从不在书上写买书日期,而岳父则每书必写明时间和地点,如"某年某月某日购自甘家口书摊",所购书的档次也就可想而知。

岳父的买书受到岳母的管束,岳母掌管财权,上有老下有小,收入微薄,难免对岳父的买书多有啧言。岳父喜欢写毛笔字,舍不得花钱买好纸,凑凑合合在报纸上写。岳父前几年病故,我在整理遗物时,翻出深藏于木箱里的几捆宣纸,心头不禁难过起来。这几捆宣纸不会是什么名贵的古纸,岳父亦舍不得用。遗物中最多的是书,更是没有好版本的书,有点纪念意义的书,如我给岳父买的《书法大字典》《宣和书谱》等,我拿了回来,更多的书只好卖了废品。岳父喜欢看点所谓内幕八卦一类的书，印制精良像那么回事似的，我挑了出来没舍得卖废品，拿回家上网百度一下作者，敢情是些个招摇过市的骗子攒的书，赶紧卖了废品。所谓"开卷有益"，真是不能一概而论。

岳父是老革命，在山西与日军作战。他老人家跟我讲，抗战胜利那天，才在炕上美美地睡了一觉，抗战时期从未睡过囫囵觉呀。开国大典岳父参加了，位于观礼台，可见有一定的资历呢。岳父留下的书里，版本年代最早的是几本袖珍式的小书，现归我保存。

父亲的买书，较具系统，那就是围绕他的明史研究来选购书刊。笼统地说明史，有点大吧，我现在才搞清楚一些，父亲的明史研究侧重于"明初封建土地占有形式""明代封建社会土地所有制问题"，并且已写成这方面的两部书稿。还有一部书稿《〈明史食货志〉考释》及大量的学习笔记和卡片。

虽然父亲下了那么大的功夫，最后竟一事无成，只能说是机遇不配合。比起父亲的学术研究水平，我恐怕三辈子努力也赶不上，机遇却比父亲好上百倍，出了三十来本书，上哪说理去？

两个父亲对我都非常大方，看中哪本书，只要我张嘴马上说："给你给你，现在就拿去！"老版《随园诗话》《插图本中国文学史》就是我从父亲书架上要来的。看到父亲藏书目录里的老版《骨董琐记全编》《古今典籍聚散考》，馋得要命，使劲地追问书上哪去了。有一个时期，我对旧书的迷恋到了魔怔兮兮的地步，为了那些书，甚至不惜回到那个时代。现在这两本书的老版本默默地躺在我的书架，甚至已有了复本，可是见到书品过硬的我忍不住还会买。

父亲于大西北工作了很长的年头，我曾去那里待了两年。父亲经常回北京出差，出差的任务之一即为单位采购图书。采购来的图书先在父亲的办公室放一段时间，然后再归集到阅览室。父亲自己读的书还是自己花钱买，从来不占公家便宜。像《历代诗话》是从北京买的，为的是几天几夜火车上破闷。《明會（会）要》精装两册则是母亲在北京买了邮寄到大西北的。

父亲于大西北买的书,前几年父亲搬家,让我去挑。我挑了一百多种二十世纪五六十年代出版的书,如《杜诗镜铨》《李商隐研究》《唐诗杂论》《明清史论丛》《明代粮长制度》《三家评注》《诗比兴(兴)笺》《杜甫诗论》《诗义会通》等,多为父亲明史研究参考书和喜读书。父亲爱护书,几乎每本书都要用牛皮纸包上书皮,像二十四史这么庞大的书也要包书皮,而且包得非常齐整。我包书皮之齐整也许是受父亲的影响。

登记这批书时,我发现了一个有意思的细节,有的书里夹有购书发票,如"1960年4月22日 西宁新华书店 八角"。有的盖有购书纪念章,如"乌兰毛主席著作发行台"。这些个细节令我回想起难忘的岁月。

还有一本更有意义的书《中国科学技术史》,这是多卷本的书,每本都包了书皮,奇怪的是书皮上的书名不像是父亲的字。我问父亲,父亲说当年他是出一本买一本,单位的同事学他也是出一本买一本。书皮上的字是石域成写的,真是好字。我在父亲那儿待了两年,学会了打桥牌,水平突飞猛进。石先生高个儿,风度端凝,和我家住对门，牌局多设在我家，石先生牌风稳中带凶，很喜欢和我打对家。牌桌上石先生掏烟点烟的姿态很优雅，可是我观察大人们打牌时从不让烟。石先生一度迷上了象棋，天天拉我下棋，把我家新做的茶几敲得一个坑一个坑，父亲很生气。前几年听父亲说起石先生去世了，我再也没有见过像石先生这样的人。

父亲今年99岁了，还在买书和读书。有的时候是托我在网上买，有的时候是我弟弟开车带父亲去三联书店买。弟弟对三联书店收银员说，我爸该算贵店最高龄的买书者了吧？每次买书都是大好几百块钱，父亲说，此生无所他求，只有这点书钱该花还是要花的。父亲抱怨现在的书用纸太好，拿在手里太沉，像上个月我刚刚给他买的精装《阅微草堂笔记》，我拿着都费劲，这时想起线装书的好处了。

父亲过去也买些线装书，由于家累，未能放手买。也是由于家庭负担的缘故，一套线装廿四史请旧书店来家收购，给了不少钱。我少年时，父亲带我去西单旧书店卖书，店员熟练地分拣，一边说这个九折，这个六折，这些只能上秤约斤了。我在一旁看着觉得很惊奇。

前几年的一天,父亲突然来我家,手里拿着一个大纸袋,递给我说这几本书和稿子交给你保管。说完连楼也没上便匆匆走了。这几本书里有两部线装书《温飞卿诗集笺注》和《唐四家诗集》,书里夹着中国书店购书发票,这引起了我的遐想。购书日期是 1972 年 6 月 21 日,那段时间我也在北京,从插队的农村回到北京和父亲汇合,打算是调到父亲单位,不情愿在农村扎根一辈子。

这两部书一部三块一部两块,如今增值一万倍,当然不能这么换算。1972 年,据已故学者王学泰回忆,琉璃厂书店刚刚政策允许上些古旧书了,但是买书还是需要单位介绍信的,这张发票抬头写着"光明日报",当年属于很硬的单位。今天,买书也许是最最轻而易举的事情。往日书情,不堪回首啊。

二〇二〇年十月二日

无悔当年读书

整理杂物,翻出一本二十世纪八十年代的读书笔记,不禁骇笑,马上想到一个词,"悔其少作",我现在是不是也有点儿"悔其少读"?

一九八〇年代,全民读书风气旺盛,我自不例外。来看看笔记本里都读了些什么书,值不值得悔愧交并。

没有经历过书荒年代的年青人,无法理解我们那一代的阅读欲望——"我扑在书上,就像饥饿的人扑在面包上一样"(高尔基)。如今回过头来看,当年读书确实有"饥不择食"的毛病,用现在的眼光来讲"闲书"读得多了些,譬如《中外影星》《国际礼仪》《懂一点儿模糊数学》《世界之最》《智力测验大全》《采访技巧》之类。当时上映的外国电影越来越多,我是个电影迷,读读《中外影星》尚不算离谱，可是《国际礼仪》和《采访技巧》离我的本职工作太遥远了，你接触不到外国人，你也不是记者呀。读闲书可以开阔视野，唯宽泛无边未免浪费光阴。

钱锺书在《围城》里讽刺方鸿渐"兴趣广泛，全无心得"，这本不是什么了不得的缺陷，可是我时常拿来提醒自己。那年代"硬笔书法"大热，我非常喜欢硬笔书法"第一人"庞中华的钢笔字，买了许多他的字帖及《中国钢笔书法大奖赛作品选》《中国书法大字典》《启功书法作品选》等书，拉开了架势，连读带临，可是天性愚钝，字无长劲，读帖倒读出一点儿意思来，时至今日，手低眼高，也许注定要跟我一辈子了。

人物传记书，当年买了不少也读了不少。这张书单有：《张大千传》、《李普曼传》、《基辛格评传》、《赵丹传》、《伊莉莎白女王二世》、《劳伦斯·奥利弗》、《徐悲鸿一生》、《亚柯卡传》、《超越自我》（陈祖德）、《戴高乐传》等。李普曼（1889—1974）是著名专栏作家，他的名言"在错误的地点，错误的时间和错误的敌人打了一场错误的战争"成为新闻界的经典句式。亚柯卡是著名的企业家，这本传记是极畅销书，流传着这么一句话"他（亚柯卡）一讲话，全国都洗耳恭听"。我的读书笔记里记有"我最欣赏亚柯卡的地方是他被辞退后的表现"。以我之渺小，有啥资格说三道四，是实话也是傻话。

这些中外人物传记里，最爱读的是基辛格这本。二十世纪七十年代，我在农村插队的时候，能看到的几种报纸几乎天天有基辛格的名字，这位外交家的才华世所罕有。基辛格访问巴基斯坦，总统布托称"鉴于到访巴基斯坦的蠢货太多了，有必要让那些人见识一下人类智慧的典范"。厚厚三大本的基辛格著《动乱年代》也是那个时候读的。现在我读的是基辛格的新著《论中国》，持续几十年读一个人的著作，在我的阅读史上很是少有。

邓云乡的书我也是见一本买一本，第一本是《燕京乡土记》，多数是认真读过的，后来我还编了一本《邓云乡讲北京》。丰子恺，我一开始是喜欢他的画，跟着就喜欢他的随笔，最先读的是《缘缘堂随笔》。

读书笔记里记了我喜欢读的书，也记了我不喜欢读的书。四大名著里,我不读《西游记》。科幻小说、武侠小说,我从来不读。侦探小说,我喜欢读真实的案件,《豺狼的日子》除外,因为写得实在精彩。

阅读是一生的旅行,无悔当年读书,总有更好的书一路相伴相行。

二〇一九年十二月二十九日

集攒《大风》杂志三十年

1938年3月,因抗战烽火四燃,在上海的《宇宙风》杂志社和《逸经》杂志社的同人撤退至香港,联合创办了《大风》杂志,社长简又文,主编陆丹林。《大风》杂志总出101期,举全国图书馆之庋藏,竟无一家是整份的,所以谈谈个人集攒《大风》的经历,以独得为可矜亦无不可。关于《大风》的刊话文章,笔者目力所及,白茫茫一片大地真干净。应国靖《现代文学期刊漫话》所涉及的一百五十余种里没有《大风》,《中国现代文学期刊目录汇编》所收276种期刊里也没有《大风》,《中国现代文学期刊目录新编》收七百余种期刊,倒是有个《大风》,但是仅是同名而已,并非本文所谈的《大风》。

找来找去终于找到一篇,陶亢德写的《香港的杂志》。此时陶亢德还在编辑《宇宙风》,写起同行的刊物和熟人,

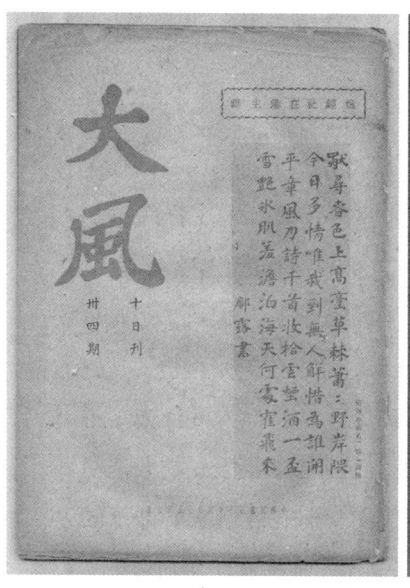 

1　　　　　　　　　　　　　　2

1. 邝露（1604—1650），明末广东诗人、书法家，同为广东人的简又文选择邝露法作为封面或有深意在焉

2. 据手边第99期《大风》版权页的"中华民国叁拾年拾月伍日香港版"推算，陶发表之时，《大风》已停刊有时矣。第99期《大风》是我所存最远的一期，离终刊10号仅一步之遥，却可望而不可即

自是最佳人选,局外人绝写不来这么多的细节:

"香港之有'海派'杂志,恐怕要推宇宙风逸经社合办的《大风》为开山祖了。《大风》的社长是大华烈士简又文,创刊于民国二十八年春。简君虽貌如老粗,却雅爱文事,尤喜办杂志,初以大华烈士笔名为《论语》半月刊撰《西北东南风》,摭述时人轶文趣事,每则数十至百余字,使读者阅时阅后笑口难掩。后办《逸经》半月刊,出版之日,在斑园(简君沪寓)遍请沪上文士,大放爆竹以示开张之喜。出版后以内容精彩,销数极佳。至八一三停刊,简君举家迁港,烽火漫天,而办杂志之心不死,函邀《逸经》编辑陆丹林君去港,并请《宇宙风》社合作,于是一阵大风,遂起于香港。

"那时候的香港还是一片出版文化的处女地,《星岛日报》《大公报》《立报》还未出版。印刷所寥若晨星,印杂志直若外行。除印刷困难之外,出版杂志的最大障碍,是香港政府对于杂志出版者要收三千港币现金保。幸简君不是揩大,其时港币一元合国币还不到一元一角,保证金又有月息二厘,遂于印刷问题解决之后,筹集保金缴付港府堂皇出版。创刊号中有叶恭绰、老舍、谢冰莹、陶亢德、朱朴、冯自由诸氏的作品，琳琅满目，再加以《华侨日报》上的全封面套色广告，把这阵大风吹遍港九，况且那时广州未失，香港寄内地邮包未断，《大风》简直是风行全国，销数竟逾一万。到后来《宇宙风》迁广州出版，《大风》遂由简君独办，兵力一分，未免少劲，及至广州陷，邮路断，《大风》销路自更减少下去。到现在香港也失，《大风》恐已影踪全无，谁知道这个曾为香港杂志界垦荒的刊物几时再能供人购读呢！"

陶亢德此文写于 1942 年 4 月，刊于《古今》第 3 期（1942 年 5 月），据手边第 99 期《大风》版权页的"中华民国叁拾年拾月伍日香港版"推算，陶文发表之时，《大风》已停刊有时矣。第 99 期《大风》是我所存最远的一期，离终刊 101 号仅一步之遥，却可望而不可即。

《大风》创刊之初，版权页如右：社长简又文、林语堂。编辑陶亢德、陆丹林。十数期后林语堂和陶亢德的名字没有了，封面上加了一行字"逸经社在港主办"，显然此时的《大风》与《宇宙风》社脱离了关系。第 67 期 (1940

年5月20日）封面上写有"中国文化协进会　逸经社合办"字样，稍后几期版权页上简又文和陆丹林之间多了个陈柄权，也许是协进会的代表吧。

《大风》的售价初期为"一角"，中途改为两种价格，如"港币二毫""港币一毫五仙""国币七角"，第99期只有"港币贰毫"一种。

寒舍集攒《大风》之历经，幸有记书账的好习惯。一笔笔都记得清清楚楚，日期、书店、价钱一项也不少。于孔夫子旧书网买《大风》的次数有五六回（含一次拍卖），所得二十余册，所费3000元。于《藏书报》买过一次《大风》，20本仅400元，那是2005年1月的事情。姜德明先生跟我说起那时的《藏书报》好东西又多又便宜，他说起有一回看到《售书信息》里有店家售"二千余份民国小报"，售价仅区区几百元，姜先生说不知哪个有心人买去的。

收集期刊杂志之难，最大的难处是求全，越是大套杂志求全越难。《大风》101期，笔者手边收有82期，于个人收集里应该算多的，但所缺的二十来本，恐今生今世亦无望配齐。尴尬的是有机会碰到数量较多的《大风》，卖家却拒绝拆零，出高价也不拆，眼瞅着缺本可惜就是配不上，总不能包圆买吧，那么多的复本怎么处理？

有不全的大套期刊杂志是常态，是无可奈何的事情，比较适合的对策我总结了几条，首先你不能缺少创刊号，这叫"缺尾缺中间不缺头"，我的《大风》虽不全，可是创刊号有三本。其次，全套没指望了，就尽可能求"连号"，这样心里头比较舒坦，比如第21号连到35号，1到10号这样最前面的连号尤其要紧，碰到的话应该不惜代价拿下。再次之，对于刊物要用心琢磨，了然于胸，这样才不会放过载有重要文章的那一期。《大风》有那么几期极具文献价值，具体是哪几期，我不会透露给你，自己交学费去学习吧。

二〇二〇年四月三日

我与《藏书报》的文字之交

《藏书报》二十年，我来写一篇文章，真是再容易不过的事情了。我是读着《藏书报》变老的，换言之，《藏书报》使我老了二十岁。二十年来，以每月一篇计，我给《藏书报》至少投了二百四十篇稿子。说一句感谢的话，《藏书报》宽容地给了我练笔的"一亩二分地"，没有这么个阵地，我能不能有今天的三十本书话随笔集的小成绩来增强圈粉力，难说。说个比喻吧，王丹凤主演的电影《女理发师》不知大家看过没有。初学理发（也叫剃头）一开始找谁练手呢，总不能上来就拿顾客的脑袋练手吧，王丹凤就拿鸡毛掸子练。天津问津书院出过一本剃头师傅口述的书，很厚，很有意思，其中学徒"练手阶段"真是不容易呀。所以容忍我练手的报刊我都怀有感激之情。这样的报刊有几家，但是像《藏书报》这样二十年如一日地善待我，仅此一家。

感谢了《藏书报》之后，不忘夸奖自己，如果我不记日记，不记书账，不记"发稿登记"，现在来写"与《藏书报》二十年"，难免应酬话多，实事少。现在不必翻日记，不必翻书账，只需把发稿登记本全部找出来拿到手边，与《藏书报》二十年之文字交情，一幕一幕，一件一件，即不请自来，亲如一家。

本文所写所记，仿佛是《藏书报》的报史剪影，亦好像回顾我的写稿生活，如梦如幻，没齿难忘。

在发稿登记本上最先出现的不是《藏书报》，而是它的前身《旧书交流信息报》，我一下子给了两篇，登记本记有"痴迷搜集创刊号二文"，发稿时间是1999年1月21日，刊出时间是2月15日和3月29日。在登记本这条的旁边还有一段话"今日与胡桂林君访姜德明先生，姜先生也有发稿登记的习惯，一年超不过一百篇，但最少也有四十篇，所得稿费够买书的了。99.1.22夜半三更"。登记本上没记这两篇小文的稿费多少，好像该报当时是没有稿费的。

1999年12月26日和28日，往《旧书交流信息报》

发稿两篇,《刊林拾叶:〈草书月刊〉〈万人小说〉》和《刊林拾叶:〈宇宙风·北平特辑〉》。说出稿费您别笑话,一篇12元,一篇10元。什么时候收到钱的呢,一篇是第二年的6月17日,一篇是7月28日。样报是第二年的5月5日和8日收到的。万事开头难,创业之初的艰辛于此可见。1999年一年,我投向四面八方的稿子204篇,得稿费约一万一千多,呵呵,歌词不是唱过么:"经过了许多事,你是不是觉得累?"作者怀旧,《藏书报》编辑也应该来篇怀旧,怕只怕二十年相守始终的作者在,编辑则换了一茬又一茬。

2000年5月4日,书友秦杰告诉我自5月1日起报纸更名为《旧书信息报》,书友们那时都喜欢简称为"旧书报"。1月2日投稿《珍爱最是第一声》,5月1日刊出(当时好像是月出一期报纸),5月5日收到样报,6月17日收到15元稿费,一起均步入正轨,月出一期改为周出一期。这一年总共给了《旧书信息报》六篇稿子,全部采用。

2001年,投稿篇数骤增,编辑为了鼓励我多写稿,甚至一期刊出拙稿两篇。这一年自我感觉写作上有了些许进步，尤其是学会起题目了。如"同名刊物趣话"系列的"万象，万象""乐观，乐观""万岁，万岁""一般，一般""新月，新月""小说，小说"，好像是没有人写过的题材，展现的是民国杂志的光鲜亮丽。此外的十来篇"刊话"也自以为写得不赖，为以后的连续出书打下了基础。一度认为在《漫话老杂志》之后没什么可写的了，若非《藏书报》持续不断地约稿和催稿，仅靠自身动力好像后劲不足。

差点忘了，那些年是真正地"笔耕"，一笔一画的钢笔字，温馨的记忆。前几年，有一家杂志的编辑对我说，电脑时代来势凶猛，以前你给我们的手写稿很后悔全丢弃了。想问一句，《藏书报》的编辑朋友，老谢的手写稿片纸不存了吧？

我是2006年改手写稿为电脑写稿，也就是说改信件寄稿为电脑邮箱传稿，现在则改为微信传稿。

发稿登记本还唤醒了一件往事。我不是在《藏书报》常写文章么，同为河北省的《保定晚报》从《藏书报》那儿打听到我的联系电话，也来约稿，约好一月一篇。

给《保定晚报》写了七年,最后一篇是2008年5月。

石家庄我去过六趟(比我的出生地上海还多出一趟),六趟均为《藏书报》邀请。第一趟是2004年8月6日星期五,王雪霞来接站。详情请见拙书《搜书记》,更详细的内幕只有看我的日记。

接着翻发稿登记本,忽然翻出了《藏书报》主编王雪霞十年前的来信。

谢老师:

您好!《现代文学战斗的一翼》已刊发,不知样报收到没有?

今去信是有一件"大事"相求,呵呵。咱们报纸2000年5月1日创刊,今年是创刊十周年,我们要在5月份做一个专刊,并在头版要开一个专栏。您是我们报纸从诞生以来就为我们提供稿件的老作者、老读者,更是一直支持我们的好朋友,所以请您为报纸创刊十年写点东西。亦是纪念,亦是对十年藏书的回顾。

这是我给您安排的任务,您可一定得完成!交稿日期：4月20日前。哈哈，雪霞拜托了！

终于有春天的样子了，祝您每天都有好心情，都有收获！

雪霞拜上

2010.4.2

是不是非常惊喜的一封信？

记得当时我马上写了《我与〈藏书报〉的十年》给雪霞。里面有这些话：

十年了么，二十一世纪的第一个年代过去了么，时间过得真快啊。一百年前的一十年代，正是改朝换代的前夜，一百年后想起那十年的风雷疾电，那十年的风云人物，仍为之神旺。十年前，我才开始写点稍具发表资格的小文章不久，那时候很少有报刊肯接纳这种与民生民计很遥远的什么宣扬藏书藏报刊乐趣的小文章，而这个时候，《藏书报》接纳了我，一起走过了十年的路，对此我一直心存感激。

《藏书报》是我投过稿的报刊中，从未漏寄过样报从未漏发过稿费的两三家报刊之一，如此善待作者的工作作风，许多大报名刊都做不到。

对于我的很不够格的书，《藏书报》都宽容地给予了报道和书评，可以这么说，假设我有一千个读者的话，通过《藏书报》而认可我的读者不会少于三百个。没有《藏书报》这个平台，我不会有今天的这点小成绩。

在与《藏书报》近距离相处的那几天，我才深切地感觉办这么一张报纸有如此之多的困难，尤其是在"经济效益"考量一切的当下，《藏书报》能有十年之历史，我们不能不心生敬意，向"书香文化"的坚守者致敬。第一个十年历经坎坷，但是毕竟挺过来了，熬过来了。我现在想的是，《藏书报》的第二个十年，祝愿我们在2020那一年能够再相逢，能够再写一篇"我与《藏书报》的第二个十年"。

没想到转瞬之间2020年就在眼前了，不禁有些悲伤。为什么呢，因为下一个《藏书报》十年，也就是2030年春天，我还能不能写，未敢预言。

二〇二〇年七月二十三日

我与《中国收藏》的文字之交

一想到《中国收藏》创刊已经二十年了，心情不能说感慨万端吧，终归是颇不平静，尤其是翻出了发稿登记本之后，往事仿佛昨天发生似的，如梦如幻，清晰而模糊。一个事物经历了二十年的光阴，没有被生活磨损了记忆而依旧生机盎然，这个事物本身即有生存的价值。《中国收藏》，就是这样的一个事物。现在给《中国收藏》写稿比前几年少多了，我感觉有点儿跟不上时代的节奏了，对于《中国收藏》的二十年，总还有不少怀旧的话可说。

二十多年前，我选择了自由写作这个职业。上面提到的发稿登记本，是我这二十几年来写作的记录，投稿日期，题目，投给哪家报刊了，哪天发表的，样报样刊哪天收到的，稿费哪天收到的，很具体，像一个账本。虽然是自由职业，个体户，没人查你的账，可是自己要做到心中有数吧。我的所谓自由写作，与散文小说通常习见的文体有着很大的不同，这种写作几乎完全依托自己的藏书和藏刊，由藏品说开去，那种局限性说起来是很心酸的一种体验。如果编辑不认可你的写法，就意味着不会用你的稿子，稿子不用何来稿费，对于自由写作来说，简直是个"生与死"的问题。

盛世兴收藏，随着收藏的兴旺，二十世纪九十年代以来各种报刊或开辟收藏版面，或干脆创办了收藏杂志。雨后春笋般兴起的收藏类报刊，给了我广阔的写作园地。《中国收藏》之前的《中国商报》的收藏专刊，对于我的写作能力扶助最多，至今犹铭记在心。写作总要有个练笔的地方，也就是发表的地方，《中国商报》收藏专刊接纳了我的习作，那是我自由写作的初级阶段。发稿登记本上有这些今天令我脸红的文字——"1998.9.6《珍爱最是第一声》""1998.9.18《珍贵的125期〈集邮〉》""1999.1.9《小说月报》竞拍记""1999.2.6《城市的特别节目—拍卖会》""1999.5.1《华于春者实于秋》"等等数十篇。

二〇〇一年一月《中国收藏》创刊，面对高端大气佳纸彩印的它,我自惭形秽,难登大雅之堂,不敢投稿,依旧在报端写点豆腐块文字。我有写日记的习惯,日记里肯定记有第一次在《中国收藏》发表文章的前因后果,现在不必去翻旧日记,就查查发稿登记本吧。2001年3月7日写了《七十年前,一本画报的故事》投给《中国收藏》,旁边有两行小字"陈念讲有可能往后拖一下4.10""7月也没有,6.30"。实际的情况是拙文9月号刊出了,9月7日收到样刊,9月5日收到稿费140元。这篇投得早登得晚,给《中国收藏》第一稿应该是《燕京古玩数几家》,4月1日投,6月1日刊出,5月27日收到样刊,6月5日收到500元稿费。旁边也有一行字"陈念又来电话说她补写了二百字又说上海的没我写得好,六月号发。4.12",哈哈,这篇写的什么,我没印象了,得翻出旧刊看看。

给杂志写稿不同于给报纸写稿,杂志对于图片的要求高得多,这就难住了我。我写作的生产资料是旧报刊,已经成本很吃重了,无力再买高级照相机拍图片了。《中国收藏》宽容待我,2003年8月号《中国收藏》刊出拙文《一个人的十年竞拍史》,我给了13张图片。登记本旁有一行小字"陈念说这回的图片不错5.13",有两回吧,我写的是洋烟画片和邮票，票面太小，陈念建议拿到编辑部扫描，我颠颠地去了，得亏不算太远，一小时路程。现在易如反掌可以宅家搞定的事情，想当年呀想当年。

近年来我想通了或换言之想明白了一个道理。我这种依托个人藏书藏刊的写法，类似于"补白"或点缀版面的小品文还凑合，不大适应于高端豪华的收藏杂志。就算我收藏的是善本古籍，也不大容易接二连三为收藏杂志所接纳。传统的收藏观念，仍然是古书古画古物古器的天下，这里"书画"的"书"通常专指名人书法。像我所藏近现代期刊杂志，去今不足百年，经济投资价值低下，理应受到轻视。前多少年我写民国老画报的稿投给《收藏家》，主编轻蔑地说："你投给西安《收藏》吧，我们这儿这不用！"广东有一家收藏拍卖杂志，一开始到北京找我约稿，接二连三地用了我七八篇稿子，图片做得真叫一个漂亮。好景不长，刊物转型"高大上洋"，不需要文化来点缀了，再投稿就给你个不理睬。

我说这番话的意思是，《中国收藏》二十年来也是与时俱进的，但是没有像其他收藏杂志那样赤裸裸地"嫌贫爱富",脱去文化外衣成为富人俱乐部。《中国收藏》没有忘记老作者,心中惦记着普通的收藏爱好者。

二〇二〇年十二月二十一日

谁说我"喜旧厌新"?

我的买书,奉行"喜旧不厌新"的方法。所谓旧书通常的认为是民国出版物,当然如今下限已经降到了"十年前出版即为旧书"。新书呢,只要内容是"旧的内容",又很对我的口味或者包含资料,也会常常买来。如《书法学徒记》,很新很新的书,可是书内这一节《一九六〇年代前期京沪出版的习字帖》便很有资料的意味。新书也会有买错和上当的时候,如《那时的寂寞:一代名伶李香兰》。总的说来,新书所费不多,只要有一条材料有用便值回书钱。

《天咫偶闻》,震钧著,北京古籍出版社 1982 年 9 月出版。震钧(1857—1920),满族,"世居京师,习闻琐事",震钧经历咸丰、同治、光绪、宣统四朝,因此这本记述北京遗闻掌故的书其价值原非后来者可比,引用起来要放心得多。尤其是"有关于名宦学者的旧居故第"的记叙,可称信史。震钧自己住过的地方更是记不错的,"余家旧居,在西单牌楼马尾斜街"。"庚子之春,余从江南归,居广宁伯街。适郑东甫自东城移居于太平街,时相过从,甚乐也。未几拳匪猥起,五月朔,火铁路。京师人心摇摇,东甫甚以为忧,遂抱病而卒。未病之前一夕,余饮于其斋,尚纵论天下事,侃侃也。"广宁伯街于太平桥西,往南十余条胡同就是郑东甫(郑杲)所居太平街。我自小居住及幼小初念书生活在这一带凡三十年,有一年换房还差一点换到广宁伯街,那个大宅门说不定就住过震钧呢。震钧感叹:"士夫近多喜住东城,趋朝便也。西城旧屋,日见其少,真如昌黎所谓:一过之再过之,则为墟矣者。"一百多年后的今天,广宁伯街一带已经成为全国闻名的金融街,太平街尚支离破碎地存在。如果非要定位震钧故居的坐标,广宁伯街东边几十米保存下来的跨车胡同齐白石故居是唯一的参照。

《书法学徒记》,刘涛著,中华书局2019年9月出版。吾国传统文化里神奇而足以傲世的独一份的东西,其实很简单,那就是毛笔书法。毛笔字,易学难精,为什么"难精",因为一旦升华到"书法"高度,写毛笔字写成了精,古往今来，可称之为书法大师的真就屈指可数。而书法家和书法理论家，又是另一回事。高深莫测的传统文化滋养出莫测高深的书法理论。刘涛"四十一年的职业生涯中有二十八年在大学执教书法"，却聪明地避开了满电视屏满电脑屏满手机屏的手把手教写字，聪明地起了这么个佳妙书名，梁厚甫的《科学书法论》，费新我的《我的写字生活》，叶秀山的《说"写字"》都不如"学徒"来得好。这本书的内容非常对我的口味，不太深也不太浅，处处闪现作者"学书经历的一些往事"。第三章《我的字帖》里《一九六〇年代前期京沪出版的习字帖》和《一九七〇年代买到的旧字帖》两节，能引起亲切的共鸣，又是上好的"买书忆旧"。这本图文并茂的书里的"图"得来全不费功夫，盖作者"1985年开始，每年都会留下一些自己觉得满意的字迹，存于纸袋中。一年一袋往下续，就像留给自己看的个人相册"。这本书或可带来一股"学徒"书名热，如"木工学徒记""烹饪学徒记"，三百六十行，谁不是从学徒干起呢。

《那时的寂寞：一代名伶李香兰》，肖菲著，团结出版社2008年10月出版。今年不少名人到了一百岁冥寿，如汪曾祺,如张爱玲,自有一番热闹。李香兰(1920—2014)恰恰也到了百岁之年,却还不如她去世那年来得热闹。我关注李香兰其实是关注她最红的那个年代的副产品,如李香兰和张爱玲、李香兰和北平、李香兰和潘毓桂辟才胡同的大宅子、李香兰重访辟才胡同旧居、李香兰重逢老演员浦克和白玫。几个版本的李香兰自传早就购入,见到这本没有买过担心错过新的资料便买了。香艳的封面且不去说它,一下子先翻到第六章《亦喜亦忧 北京求学生涯》,见到了满处对原传里《北京时代》拙劣的摹写,如原著"我在西城辟才胡同的早晨,总要被北京的一景——鸽哨弄醒"。肖书"每天早上,胡同里著名的'鸽哨'声把李香兰唤醒"(鸽哨被著名之后必得戴上引号,呵呵)。想象一下这本书的制作流程,粗通文艺的作者,手持一本李香兰自传,抄抄贴贴,加上若干甜腻的标题,加上若干甜腻的串联之词,一本李香兰传就出笼了。

《故纸无言:民国文学文献脞谈录》,凌孟华著,人民文学出版社2016年2月出版。这本书研究和涉及的内容,挺偏题的,避热门趋冷门。幸有"学术专著出版基金资助项目""重庆市抗战文史研究'两江学者'计划专项经费资助项目"力伸援手。所谓偏题,不是作家不知名,而是涉及作家的事情很冷僻,鲁迅鼎鼎大名吧,可是《鲁迅反对某书局"不支付标点和空格稿费"轶闻梳考》这事忒小忒偏了吧,我以为只有极个别读者有耐心读完此文并读懂。我还以为文中"尽可能还原一个真实完整的鲁迅"近乎痴想,好像鲁迅不真实不完整亟待修复似的。研究者拔高自己研究课题的"意义",似乎属于学界的通病吧。另外一个格外喜欢的偏题《战后北京综合社科期刊〈大中〉叙录》,因为我存有全份《大中》,未见有人提起或研究过,买这本书的理由几乎就是冲着《大中》来的。

《信是有情:当代名家书缘存真》,古剑著,浙江大学出版社2017年4月出版。第一次买古剑(辜健)先生的书,失敬失敬。我买《良友》画报是二十世纪九十年代初的事情,配齐了一百七十来期,经常见到古剑的名字,怎么会迟到今日才和画报主编古剑连到一起,也许我以为"古剑"有好几位呢。画报主编古剑与名作家的交往,上至巴金下至邵燕祥,数百位之多,书信手稿及签名本多不胜数,诚为一笔宝贵的财富。尤感兴趣书中此篇《黄裳信札随笔》,因为早期《良友》画报刊黄裳"珠还记幸"手迹及黄裳生活照,真是漂亮之至(黄裳:"《良友》的印刷质量极好。")古剑文中的"内幕"也有意思,"大约是1986年吧,我离开了《良友》到报社去服务。离开,说白了是钱作怪,其次是自尊——照规矩是每年加一次薪的,而这一年突然不加了。正好有报社老总找我,一气之下,我走了,报社加给我两千元,何乐而不为"。"我离开《良友》几年了,黄裳有次来信问起稿费的事,说真的,我已离开不便再参与其事,嘱黄直接写信至良友财会部门。"黄裳2007年1月24日致信古剑内云:"'珠还'特印本投赠将尽,余书拟自存玩赏,未能幸贻,歉甚。"当年的我倒是有幸获赠《珠还记幸》特印本(只印100册)一册,不料却引出一场小的风波,十三年后看到这段,多少有一点愧疚。

二〇二〇年八月七日

窑洞之花：地下四合院

一直对于各地具有特色的民居房院有兴趣，当然最先关注的是自己住了六十来年的北京，北京的四合院天下闻名，关于四合院的图书可没断了买。一度对于福建土楼非常好奇，这方面的书和画册也没少买。出生在上海的我，对上海亭子间和里弄别有一种亲切之感。这辈子住过的各式各样民居不算少，上海亭子间，北京四合院，内蒙古的蒙古包，江南的房子。还有两种房子想住却一直没有机会去住，一个是福建的土楼，另一个是西北窑洞。

这些年对于窑洞，我进行了较为深入的"研究"，离开了过去纯粹观赏性的读书读画册。在"研究"窑洞之前，对于四合院与胡同，亭子间与里弄，我也有过较深层次的"研究"。所谓"研究"，并非实地去勘察，实地去拍照，实际地写论文，而只是将同一类民居建筑图书，消遣怀旧的也好，旅行指南的也好，专业研究的更好，尽可能多地购读，据此得出自己的"读书札记"来。得益于如今的图书制作越来越精良，真正地图文并茂，使得我的民居"研究"分外的轻松愉快。

关于窑洞的书册，我认为这几本是"研究"必备的：《窑洞民居》（"中国传统民居系列图册"）、《窑洞民居》（"中国传统聚落与民居研究系列"第一辑）、《西北民居》（"中国民居建筑丛书"）、《高原民居：陕北窑洞文化考察》。两本同名的《窑洞民居》，各有所长，前者是一本专业书而非赏玩性质的图册，称之为建筑专业的教材课本也没有什么不可以。比如这几节《中国黄土的分布》《黄土的形成》《黄土的地质划分》《黄土高原地貌特征与窑洞民居》，窑洞爱好者没必要知道这么深的知识。后者胜在彩色实景照片，甚至有航拍的照片，真是让我这个"地下四合院"铁粉，大呼过瘾！

窑洞分多种形式，常见的是靠崖式、独立式、下沉式等。我最喜欢"下沉式"窑洞，这种窑洞自成一座独门独院，因此得了个美誉"地下四合院"，这是建筑师们的称呼，而民间叫法则很通俗朴实，河南称"天井院"，甘肃称"洞子院"，山西称"地阴院"或"地坑院"，陕西渭北称"地顷窑庄"。当地有个顺口溜来形容成片的"地下四合院"："进村不见村，平地起炊烟，只闻鸡犬声，入院一片天。"别出心裁的下沉式窑洞院落，显示的是中国农民的聪明才智，因地制宜，充分利用天然资源，用"绿色建筑"来比喻也是恰当的。从古到今，勤劳的农民依靠土地解决了温饱，又依靠土地解决了遮风避雨的居室。朴实无华的窑洞建筑，对应于现代社会某些暴殄珍物徒有其表的建筑，应返璞归真的该是后者吧。

在河南、山西、陕西、甘肃一些地方，如果没有山坡和崖壁可利用挖窑，当地农民便巧妙地利用黄土"直立边坡的稳定性"就地往下挖一个长方形或方形的地坑，形成四壁闭合的一个院子，然后再向四壁挖窑洞，挖几孔窑你自己定，长则四五年，短则二三年，一座地下四合院便建（挖）成了。说到黄土直立边坡的稳定性，我有个亲身体会，插队在内蒙古农村的时候，院墙的建造也是利用了这种稳定性，先挖沟，将沟土往一侧堆，边堆边用铁锨拍实，沟壁是垂直90度，挖出的土拍成墙，墙拍到80度。挖沟是体力活，拍墙是技术活，巧手拍的土墙简直是艺术品。话说回到"地下四合院"，也有精品和凑合事之区分，这种差异，一来是经济实力有高有低，二来是生活的精气神有高有低。

挖建一座地下四合院的土方量，要达到1500至2000立方米，其中院子的土方量约占一半，窑洞的土方量约占一半。自家挖的话时间就拉得长久，雇人挖的话就得花钱，取决于你家的经济能力。书里举了几个实例，其中这个例子有实际的钱数：洛阳塚头村生产大队小学老师刘学师自己设计自己营造的一座下沉式窑院。1969年建成，总建筑面积151平方米，已挖建好六孔窑，主窑二孔，储藏室两孔，厨房一孔，牛舍一孔，还有三孔窑预留了位置待挖。刘老师一共花了多少钱呢，2400元，平方米造价约合16元。如果2400元在地面上建造平房院落的话，只够盖个50平方米紧紧缩缩的房院。另外须了解1969年的2400元是个什么概念，还是拿我插队的经历来说吧，1969年全年我总共挣了约2200个工分，分值（10个工分）1块钱，一年劳动下来收入约220块钱。分值1块钱算很不错了，更多的农村分值仅几毛钱甚至几分钱再甚至倒欠生产队。

再现"庭院深深深几许"的"地下四合院"精品的有

塚头村的陈宅和郑宅。陈宅的院子分成东西院，共有窑洞十七孔，院四壁的窑脸均用砖砌，砖工精细。院子有两个出入口道，一个通向院外的水井，另一个出入口旁原来还建有堡垒，若逢兵荒马乱年头可守可退。从这几个方面考量，陈宅是个富足的大户人家。郑宅院落用厨房、门楼、土墙划分成三个小庭院，这个高招打破了一般"地下四合院"一览无余的单调乏味。农民们无师自通地实践着建筑学的理念。郑宅更奇特的地方是窑院入口旁边那棵几百年的古槐，在地下五六米的窑院仰望古树，美醉！

"地下四合院"美则美矣，可是有几个弊端却难以回避也难以解决：一个是厕所，一个是通风。厕所问题是农村的普遍难题，地坑院更甚。通风说的是窑洞，窑洞只有一面进风，只有那种作为隔墙的窑洞，才有可能两边挖通，使空气流动起来。通常所说窑洞的优点"冬暖夏凉"，这句话是相对的，对于深入地下六七米的窑院，日照和通风均不能与地上窑洞一概而论。说来说去，是个生活习惯的问题，打小住窑洞和冷不丁住一两天窑洞不会是同一感觉。下沉式窑洞难以改变的弊端，使得越来越多的住户舍弃地下窑洞而在地面上盖砖瓦房院，"弃窑盖房"，换一种活法。也有一些老人面对生于斯养于斯的地下窑洞恋恋不舍，采取了双向选择，很有诗意啊："寺院村一队 17 号窑院，现住一位老人，老人的地下窑院上边盖有两座砖瓦房，老人晚上住在地上的砖瓦房，中午在地下窑洞午休。"这样的生活方式，感觉像是一种廉价而安稳的田园牧歌。

历史悠久的窑洞建筑，尤其是地下窑院，由于年久失修和现代生活方式的冲击，日渐衰败，多数已成为杂草丛生的废坑。要不要拯救"地下四合院"，如何拯救它，读了这几本书后不免也和建筑师们一起纠结起来。也许，过不了多久"地下四合院"实物，就像北京的胡同一样，只有靠照片图册和实地测绘的资料来告诉后代的人们，祖辈们的生存智慧是那么的丰富。其实我多虑了，建筑师早已经行动了，利用新科技新材料新思路等多种手段，来改善窑洞采光通风，渗水潮湿等诸多弊端，延长窑洞的使用寿命。不是已经有许多改造后的窑院做了农家院来招待游客了么。相信大自然的伟力吧，千万年形成的黄土地质层，还会长久地呵护着窑洞；呵护着窑洞之花——"地下四合院"。

二〇二〇年四月一日

凭栏尽日愁无限

中国建筑里有个不起眼的小物件——栏杆。《不只中国木建筑》作者赵广超说得好:"设在低处的栏杆是拦着外人(不要闯进来);设在高处的栏杆则是为了拦着自己(不要掉出去)。"栏杆比围墙要温柔,更贴近人性,围墙森严,拒人千里;栏杆却是"我虽然围绕,但我依旧坦荡"。我们在古老的公园里随处可见围栏,高处有,低处有,其作用不外乎"安全"两字。围栏的诗情画意却往往被忽略,封面画里有栏杆的,贵一点我也要买,比如《快活》。我们自己的私人老照片里,也许谁都存有一两张倚栏远眺的风景照。

古代诗词里有太多的咏叹栏杆的名句,让我们展开无限的遐思。

李白到底是个浪漫诗人,一捧即晕,忘了"君宠"与"春寒""秋热""老健"一样是长久不了的。李白在长安做翰林时,唐明皇与杨贵妃在沉香亭观赏牡丹,因命李白作诗助兴,李白奉旨而作《清平调》三首,其一"云想衣裳花想容,春风拂槛露华浓。若非群玉山头见,会向瑶台月下逢"。其三"名花倾国两相欢,常得君王带笑看。解释春风无限恨,沉香亭北倚阑干"。这里的"槛""阑干"指的可都是栏杆呀。栏杆的材质,有贵贱之分,出现在古诗词里的大多是高贵的,贫贱永远属于平头百姓的专利。

名句"庭院深深深几许"的作者到底是冯延巳还是欧阳修,一直有争论,且不去深究,我关心的是冯延巳的《谒金门·风乍起》:"风乍起,吹皱一池春水。闲引鸳鸯香径里,手挼红杏蕊。斗鸭阑干独倚,碧玉搔头斜坠。终日望君君不至,举头闻鹊喜。"有人解释"这个斗鸭栏杆专指设在水塘边的栏杆"。也有人解释成"倚着栏杆看鸭子戏水"。还有一种解释"所谓斗鸭,实为栏杆上的一种雕饰"。诗无达诂,"阑干独倚"意思却明白无误,倚靠栏杆的往往是一个闷闷不乐的怨妇,而不会是一群叽叽喳喳的小姐。

冯延巳有句"且上高楼望,相共凭栏看月生"。这当然是最美的赏月境界了。我说过"人生三万六千日,终不得一个颐和园之夜"。在佛香阁上"相共凭栏看月生"真乃人间至美之事。颐和园闭园时间比城里的北海公园要早很多。北海公园再迟也迟不过九点,且游人如织,闹闹哄哄,哪里寻得"月移花影上栏杆"的情致?

亡国之君李后主终日想念"雕栏玉砌应犹在"的过去,还劝自己"独自莫凭栏,无限江山",碰上栏杆,贵为帝王也愁肠满腹。李后主之父李中主亦曾有"多少泪珠何限恨、倚阑干"的伤心语。父子同命,千古遗恨凭栏处。

怒发冲冠的岳飞也只有"凭栏处",才写下千古绝唱《满江红》,"潇潇雨歇,抬望眼,仰天长啸,壮怀激烈。三十功名尘与土,八千里路云和月"。真不知,那栏杆上洒下多少出师未捷的英雄泪?

有一种栏杆,不知哪位工匠起了个特别美的名字,叫"美人靠"——"相思闲愁,慵慵懒懒的一靠,那道鹅颈栏杆,即称美人靠"。用"鹅颈"来形容"美人靠"的形状,极贴切。又不知天下有多少佳丽于"美人靠"旁坐待红颜老?

唐末农民起义领袖黄巢，别具诗才，傲视群雄，历朝历代农民起义首领多能武不能文，这就凸显出黄巢的出类拔萃来了。流传至今的名诗《不第后赋菊》，气冲霄汉："待到秋来九月八，我花开后百花杀。冲天香阵透长安，满城尽带黄金甲。"末句还被张艺谋拿来作为电影名。黄巢也写到了栏杆，英雄末路，引人洒泪。诗云："记得当年草上飞，铁衣著尽著僧衣。天津桥上无人识，独倚阑干看落晖。"（《自题像》）

凭栏，倚栏，靠栏之外，另有一种"拍栏"，如辛弃疾"把吴钩看了，阑干拍遍，无人会、登临意"，刘孟节"读书误我四十年，几回醉把栏干拍"。愁苦到急眼了，拿栏杆撒气。

二〇一九年二月二十一日

"写不进文章的事儿"——读《远书》

这几天在读止庵增订版《远书》,颇多感想。谈正事之前先来说说"我与信"的一些小故事。

平生写第一封信的时候约八岁,小学生,信是写给远在青海工作的父亲,记得第一句是,"爸爸,您好。我现在是在家里的写字桌靠左边的那个角上给您写信"。十八岁去农村插队之后,写信成了经常的事。我天生拘谨的性格,可是写起信来似乎换了个性情,真的见了面,又回归到不会说话的样子。有一回给表哥写信,满纸热情洋溢,二弟在一旁说,别写得那么热闹,回头见了面又不知说什么了。常言"文如其人",也许有道理,可是若说"信如其人",在我这儿就通不过。

家书之外还有一种信(情书),现在自己可以交代一二。情书分两种,一种是鲁迅许广平那样的"你有情我有意"式,还有一种是单相思式的吧。现在来说说后一种,其实前一种我也写过,但是后一种更需要勇气。返城之后的第一份工作是服务行业,总店下辖十几个分店,每个分店都有一两个模样俊俏的姑娘,当然逃不过"男大当婚"的我们,背后"环肥燕瘦"的议论自不在话下。我中意的一位,不是一个店的,一句话也没说过,偶尔在食堂相遇,也没有搭讪的勇气。有一天,不知哪里来的一股邪胆,奋笔疾书,听着《在那遥远的地方》,写就一纸情书。第二天中午,骑着自行车,来到她的店,她正和几个店员在后面休息,我叫了一声"赵华",就把信当着众人的面递给了她,然后扭头就走。那十几秒钟永远定格在我惨淡无华的青春上边。

后来怎么着了,结果呢?你我都不要忘了那可是一九七〇年代,风气未开,搁现在屁事不是的情书,"赵华"竟然像舒芜似的"上交信件"了!灰头土脸的我,经受住了沉重一击,两年后在本店交到桃花运,如今和"店花"已逾"珊瑚婚"。可笑的是,当年老妻和"赵华"人家都说长得很像,经常混为一人。我成家之后,某年在三里河碰到了"赵华",她带着孩子过马路,她孩子长得比我闺女可差远了。到了这把岁数,风清月朗之夜,回首往事,无端想象"赵华"会不会后悔"上交信件"?她看到电视上后来的我,也许早认不出来了。

止庵致史航信中说到舒芜,"随着时间流逝,大家印象中舒芜在胡风事件中所起的作用,似乎只剩下'上交信件'了,然而他在文章中对这些私人信件所做的摘录、分类、编排、注释、解说,一并构成完整、周密、足以致人死地的构陷,这才是我们更不应当忽略或遗忘的东西"。"我平生尝与某些人趣味不合,意见不合,乃至笔墨相讥,但唯一对一人深感恐惧,且极厌恶,那就是舒芜。"(2018年4月19日)

这两段话,第一段可以写进公开发表的文章里,第二段不宜写进文章里,这就是书信的特殊作用。止庵深谙此道,《远书》里处处运用自如,存乎一心。致谷林信中有云:"张中行写赵丽雅的文章早读过,私心不甚以为然,不过也是人各有其特色。我虽作文多年,但平生最不喜文人习气。"(1997年9月4日)"张中行亦为我所尊敬,然稍嫌写得多了些，出书更多，书中篇目一再重复，为我这种爱买书的人所不免惋惜。"（1996年3月30日）致李君维信中有云："余斌著书早已看过，即如先生所说，当得起严肃认真之评。只是有关《传奇》一章较为肤浅。后来重印，似乎未改。关于张、胡关系，目前所见资料，皆为胡氏提供，大家引述之后，反倒再来骂他，此点于理难通。须得另找旁证才行。"（2002年2月27日）面对谷林、李君维二老前辈，看得出止庵的措词使字还是留有余地的，如"不免惋惜"之类。

《远书》里有句话很厉害，"我不满的是如今'左'已不时髦，而其犹持'左'论"。对于这观点笔者另有看法，前辈"左"不"左"事小，后生代"左"不"左"事大。请看这位后生才俊的一番话"关于其装帧，也略有文人意趣，我唯一不满的是《立春前后》的封面，用了八大山人的一株老梅。八大山人是不与新朝合作的遗民，梅是传统上高洁的象征，我不是要纠缠于知堂的附逆，但总不能把这幅画给他吧"。（2005年3月23日致谷林）读了这番怪论，我真的很蒙圈，很想对才俊说，您还不如直来直去"纠缠"知堂呢。八大山人三百多年前随手画了一枝梅，图书美编三百多年后随手用在封面上,这就好比八大山人穿越时空赠梅给知堂,知堂"知惭愧",要也不是不要也不是。

另一位才俊也有一番与上一位才俊异曲同工的妙论,"承示《南方都市报》上《周作人佚文〈庸报新年志感〉》一文,粗读一过,作者对于周氏以及当时情形多强不知以为知,如云:'须知江朝宗时任伪北平市长,表达了日伪政权对周作人这篇文章的重视。……这样的"微言大义",自然要受到日伪政权的重视,无怪乎伪北平市长江朝宗也不免亲为此文题名,大张旗鼓地刊印于版面头条了。'按周氏发表此文的一九四一年一月一日,江朝宗早已不是北平市长,一九三八年初该职务即由余晋龢接替,此后北平也改称北京了。"(2017年8月2日致老谢)"强不知以为知"也就是大白话"不懂装懂"。

有的地方,我嫌止庵过于"掰开了揉碎了",甚或执意"乃'泰行'耳"也不愿"输一东道"。如这封信里的一段:"序言:'周作人因为许寿裳回忆文的偏向鲁迅而对其心怀不满,这才有意歪曲许寿裳文意,止庵先生不察,完全接受了周作人的歪曲,恐怕难免也有感情因素在起作用。'按,许寿裳《亡友鲁迅印象记》中有关兄弟失和的一节说法,多有错谬,我在传记的注释和别的文章中都曾指出。此处用'外宾',无论如何是不对的——借用先生的话,这里倒是许氏'恐怕难免也有感情因素在起作用'——其引起当事人之一的反感,亦属难免。"(2009年6月20日致汪成法)

又如,"对于您的批评,我想略作解释,虽然不无自我辩解之嫌,请您谅解好了。其一,关于'言必称知堂'。我写文章,不外几项内容(其他的不懂,或仅一知半解,故不谈),其中只是涉及思想与文章者,偶尔引述知堂的话而已。……其二,关于'好像越来越只重理趣一路,完全舍却了情趣一路'。盖年龄渐长,有此变化,或亦属正常"(2004年10月24日致江慎)。"言必称知堂"与上信"恐怕难免也有感情因素在起作用"均属胡猜乱疑,这顶帽子也不妨扣往"言必称张爱玲"的陈子善、"言必称老舍先生"的舒乙,乃至天下所有"言必称某某"者。

又如,"承赐下大作一束,已拜读。吾兄勤奋好学,弟颇感佩服。惟有时下断语稍过,如:'石民恐怕一般读者都已经不知道了,他的著作现在也见不到了。'(《想起被遗忘的诗人石民》)'研究现代文学史的学者恐怕都不知道朱英诞是谁,作为一个诗人,这是他的悲哀。'(《记住诗人朱英诞》)皆是也"(2008年5月21日致眉睫)。"一般的读者"有必要知道或记住连"学者"都不知道的诗人么?古往今来人们只知道李白杜甫那么几个诗人,其余万千诗人只有"悲乎哀哉"一途。许许多多现代文学研究者们,特别喜欢用这种题目和这种句式,像传染了重感冒,吃啥药也不管用,除非不干这一行。

读《远书》,要说令人舒心痛快,还要数止庵那几通"立此存照"("昔日鲁迅以'立此存照'为题写过几组文章,素所爱读,不妨效仿先贤,费神抄与老兄。")如止庵抄了《南渡北归》里令人绝倒的一段,"就在彼此打得难解难分,成一团麻花时,蹲在白山黑水间的奉系军阀张学良,在蒋介石夫人,绝色美人宋美龄亲往其密所摇动三寸香舌和施展周身招数连番规劝、蛊惑、利诱下,张氏原本因吸食大麻而蔫儿吧唧的身子骨儿,如同每日注射的杜冷丁药力发作,突然稀里咔嚓响了起来,屁股开始由发热到发烫,随着脉管血液喷流蹿腾，密布的毛孔迅速扩张炸裂，细黄的汗毛如同霜打茅草在酷寒的夕阳中根根直竖。阵阵香风吹拂中，张学良再也按捺不住心中澎湃如涛的激情，在蒋介石与阎、冯联军双方死伤达到30余万仍难决胜负的关键时刻，突然'嗷'叫一声蹦跳而起，于宋美龄放情的大笑与秋波含情的迷人眼神幻影中，抽刀拔剑，亲率20万东北军携枪架炮以虎狼之势入关助蒋"。张学良真够走背字的，生前，被马君武摆了一道："告急军书夜半来，开场弦管又相催。沈阳已陷休回顾，更抱佳人舞几回。"（《哀沈阳》其二）死后，又被岳南"码"了一道，诸如"绝色美人宋美龄""三寸香舌""秋波含情""阵阵香风"云云，可谓前有胡蝶后有宋美龄，少帅多福。

二〇二一年二月八日

《画见》之我见

止庵这本新书,他自己说:"这要算我耗时最久完成的一本书了。一九九九年写的初稿,取名《画廊故事》,次年由北京的一家出版社印行;两三年后,又配上图,改题《不守法的使者:现代绘画印象》,由天津和台北的出版社各出了一版。"按说这两个书名都比新书名通俗易懂,可是止庵不满意:"以《画见》对比将近二十年前的初稿,可谓面目全非……以我观画一事而言,曾经出过的三个版本已没有意义。"

作为读者的我,偏偏要找出"已没有意义"的版本来比对一番,意外地找到自己多年前写在《不守法的使者》上的几段话,"前几日看电视有介绍九世纪一位西洋画家(特点是患风湿病),给大图书馆的顶穹画画。马上想到在此书中找找有无写到。问了止庵他说此书写得很弱不愿提这书。2010年2月5日","书中提到的那幅《吃土豆的人》最合我意,上网搜了一下,竟有一幅印反了","看画有一个难处,两幅画摆在面前,如何说出好或者差,好在什么地方,差又差在哪里? 2008年7月4日"。

《画见》的写作历程有一点儿像张爱玲说过的,"这个故事曾经让我震动,因而甘心一遍遍修改多年,在改写的过程中,丝毫也没有意识到30年过去了,爱就是不问值不值得"。有位朋友曾经说:"不明白止庵为什么要写《惜别》这本书?"我们很习惯给作家限定在一种题材的框框里,我担心这位朋友这次又会说出同样意思的话来。止庵说过,"对我来说,看书之外,大概看画是最有兴趣的了"。"但我实在是一个喜欢看画的人。""查旧日记,一九九四年三月八日,'上午陪父亲看病。下午去中国美术馆看夏加尔画展,有很多美的联想'。"

于我而言,《画见》从写作的时间上来说是一本昂贵的书,从观赏了那么多陈列在欧美日美术馆的原画上来说也是一本昂贵的书。读这本书,时时会与止庵的"艺术感受""艺术观念""人生感受"发生相同的、相似的、相反的、或无所谓的碰撞。此外，我自己也不无一点点个人看法。

中国画和西洋画相比，我感觉在"光"和"色"这两方面，差距不是一星半点儿。在想象力上，我们的过去的画家无论如何画不出勒内·马格利特的《尝试不可能》（1928年，布面油画）。我以前说过，油画的题材比中国画广泛得多，如今我们的画家已经快步赶了上来，尤其是油画画家们。

鲁迅曾说："'刘大师'（按刘海粟）的那一个展览会，我没有去看，但从报上，知道是由他包办的，包办如何能好呢？听说内容全是'国画'，现在的'国画'，一定是贫乏的，但因为欧洲人没有看惯，莫名其妙，所以这回也许要'载誉归来'，像徐悲鸿在法国一样。"（1933年11月16日致吴渤）

读《画见》另有一个感受，欧美画家们的画的题目千奇百怪，好像故意捣乱似的，这点我们比他们应规应矩。像这样的画题，倒很像学术论文的题目——《成层岩，自然天成的片麻岩火山岩冰岛苔藓……》。这个画题《装饰着铃铛的自行车，熄灭的火花和寻求爱抚的脊椎弯曲的棘皮动物》，看不到画的话根本猜不出画得是什么，其实，就算看到了，也看不懂此类"超现实主义"的画。碰到这种情况，只有求助于止庵的讲解了，他说："对于二十世纪的绘画，我最留意的是表现主义和超现实主义。""虽然对马列维奇来说，这只属于一个相当短暂的创作时期；之后画家就转向真正的立体主义，不久更揭橥至上主义，因而成为现代美术史上的一位划时代的人物。"这么多的主义这么多的画派，很像文坛的主义和流派呀，果然止庵说了："在我看来，绘画与文学之间自有相近之处，作为观者或读者，无妨加以融会贯通。"

止庵还说，"我觉得就'现代性'而言，一百多年来在绘画中可能比文学中表现得更为全面，也更为彻底"。这相当于在说，当代画坛很难再出现划时代的巨匠了，前几代大师们的创造力和绝世之才华，已经达到人类的极限，后来者呢，听听张爱玲说的吧——"生命有它的图案，我们惟有临摹"。

对于看原画和看画册，止庵说，"我说是看原作，真有如直接面对画家一般。……然而原画收藏于各美术馆，很难有机会一一看到，那么退而求其次，只好去看画册，不过这个'次'可就次太多了。一则颜色多少失真，严格说来，没有一幅油画印出来还是原来的样子"。能够去到外国美术馆观赏原画，当然再好没有了，可是这样的机会毕竟来之不易，看画册仍然是美术爱好者主要的手段。而像《大玻璃》这样的画，如果仅仅是看画册，真的有如鲁迅所说"莫名其妙"。止庵对《大玻璃》极为推崇："从前我只在画册里见过《大玻璃》，已经明白这也是一件根本拒绝被制成印刷品的作品。所以当有人问'最想去的地方'时，我回答说一直向往费城艺术博物馆，想去看看《大玻璃》和杜尚的其他作品。待到如愿以偿，我认定《大玻璃》是二十世纪最重要、最具代表性的艺术作品，它与现代文明的关系，堪比金字塔与古埃及文明的关系。"

说来说去，看原画和看画册，实为两种悬殊的消费阶层，从这个意义上讲，文学欣赏比之绘画欣赏，门槛要低得太多。

二〇一九年八月三日

家在太平桥畔

关于北京史地的书籍，寒舍尽力量收集，其中有一部分旧报刊和旧地图。这方面的书刊很多，唯有《燕都丛考》和《北京历史地图集》是必备的，没有这两本书，您对北京就是一知半解，跟您聊起来就费劲。听着好像我很关注老北京似的，其实我更关注的是居住了三十多年的按院胡同及其周边，即太平桥畔大大小小胡同的文字记载。

关于按院胡同，我写过几篇小文，其中《吴宓曾住按院胡同》写得不坏吧。按院胡同居住过董必武、南汉宸等历史名人，可见这条胡同的名分不小。来几段民国旧报抄，事无分大小，只要有"按院胡同"四字就成——"阜成门内按院胡同前财次张训钦宅被抢　前晚八时三匪徒叩门持枪拥入抢去钞金饰衣物约千元以上"。

"买鸡偷鸡。按院胡同小大院路南某姓院内。养着八只很肥的油鸡。十三号夜里这八只鸡都给时迁儿偷去了。当时某姓听得院中的鸡声有异。等到爬起床来往外查看。街门已开。鸡毛满地。早已毫无踪影。当十二日那天。某姓门前。来一收买肥鸡的。某姓即以所养的鸡令买鸡的看。后因价值未能议妥。买鸡的就走去了。当夜就出了这事。"

"昨日下午一时许,由西城按院胡同陆军行营总执法处绑出盗犯尹庭槐王海峰二名,令坐骡车两辆,由少校副官马长龄带马步队一百余名押解,经沟沿国会街出顺治门过骡马市大街等处,二时半抵天桥刑场,当即执行枪决云。"这一连串的地名,我当然门儿清,您没被绕晕吧。

按院胡同南边是兴盛胡同,姜德明先生在《胡同梦》里提到过:"一九五〇年到北京新闻学校来报到,起先说到香山,后来还是通知到西单舍饭寺西口的大磨盘院二号,那是个典型的大四合院。校部安排我住在兴盛胡同的宿舍。这也是个门洞深,有廊子和古树的院落。南跨院还有半亩废园,草丛里一片秋虫声,让我想起鲁迅先生'老虎尾巴'后边的那个小园子。人们说北京的胡同

家在太平桥畔　333

里藏龙卧虎,说不定这宅门里亦曾住过大人物。"

姜先生说得没错,一座古老的大院子大概率存在着一个大人物的故事。前些年在姜先生书房里聊天,我问姜先生到过按院胡同么,他说路过过,是个小胡同。《胡同梦》里提到的"舍饭寺""大磨盘院"都属于太平桥周边。有二十来年的光景,我几乎天天上下班途经此地。《京师坊巷志稿》记有"磨盘大院、京畿道胡同、上岗、沟头、安元胡同、北闹市口(迤东有太平桥,迤北为锦什坊街)"。

这里的"上岗",曾经住过一个顶顶大人物阮元阮文达(1764—1849),阮文达被尊为"三朝阁老、九省疆臣"。《天咫偶闻》记有"阮文达公蝶梦园在上岗。公有记云:辛未,壬申间,余在京师赁屋于西城阜成门内之上岗,有通沟自北而南,至岗折而东。岗临沟上,门多古槐。屋后小园,不足十亩。而亭馆花木之胜,在城中为佳境也。松、柏、桑、榆、槐、柳、棠、梨、桃、杏、枣、柰、丁香、荼蘼、藤萝之属。交柯接阴。玲峰石井,嶔琦其间。有一轩二亭一台,花晨月夕,不知门外有缁尘也。余旧藏董思翁自书诗扇,有'名园蝶梦,散绮看花'之句,常悬轩壁,雅与园合。辛未秋，有异蝶来园中，识者知为太常仙蝶。继而复见之于瓜尔佳氏园中，客有呼之入匣，奉归余园者。及至园启之，则空匣也。壬申春，蝶复见于余园，画者祝曰：苟近我，我当图之。蝶落其袖，审视良久，得其形色，乃从容鼓翅而去。园故无名也，于是始以思翁诗及蝶意名之。秋半，余奉使出都，是园又属他人。回忆芳丛，真如梦境矣。癸酉春，吴门杨氏补飀为画园图，即以思翁诗翰装冠卷首，以记春明游踪焉"。人走茶凉，屋院亦如是，阮文达搬走后，"此园今已改为花厂，无复亭台花木，只石井存耳"。

上面几处提到的"沟沿""沟头"，有必要解释几句。北京城的排水有几条途径，《燕都丛考》云，"内城西则有大明濠。由积水潭而南，经西直门大街，直达于象坊桥，迨民国十四五年，始改为马路，坦平直达，无复沟洫之遗"。说白了，大明濠自明代以来就是条袒胸露腹的臭水沟，老百姓的生活垃圾及便溺全往沟里倾倒。清代称这条明沟为"沟沿"，沿途建桥以利出行，《乾隆京城全图》上沟沿的桥名，如马市桥、石驸马桥等，如今只有太平桥的名称留存下来，而马市桥名实皆失，石驸马桥改为石驸马大街，

家在太平桥畔　335

现在叫"新文化大街",因为刘和珍的母校在这条街上,鲁迅的名篇《纪念刘和珍君》的缘故。我上小学时坐公共汽车,售票员报站名还是"石驸马桥到了!"呢,可见老地名的韧性。

太平桥畔住过的现代名人也有不少。张恨水1946年到北京定居,"张恨水回到北平不久,便委托邓季惺在内四区的北沟沿购买了一所四进院落的大宅子,门牌甲二十三号,位于砖塔胡同西口。……张恨水买下的这所宅院,共有三十多间房"(《张恨水传》)。老北京有三个时期,大宅院供大于求:一是1928年的迁都南京后,二是抗战胜利后,三是1949年北平和平解放后。

齐白石故居位于太平桥畔跨车胡同十五号,如今尚完整地保存着,虽然周围高楼林立,早已没有了"门墙似旧,里巷依然"的古城味道,退而求其次,于齐白石门口发一番思古之幽情吧——隐没于尘埃里名人故居的幸存者。

文史学者邓云乡对于太平桥再熟悉没有了,小口袋胡同、巡捕厅胡同、舍饭寺、京畿道、辟才胡同、察院胡同、锦什坊街［本报（《藏书报》）前刊拙文《宋存城存，宋亡城亡》的宋哲元武衣库旧宅即在此街西侧］，邓云乡往往返返，如数家珍。几十年后邓云乡旧地重游，叹曰："当年'巡捕厅'的老样子，我还是认识得清清楚楚的。我仿佛看见两位十七八岁的风华少年，穿的都是蓝布大褂，下面是轮胎底的廉价皮鞋，骑着两辆旧自行车，从胡同东口迎着斜阳向西而来，在路北一个大红门前停下，跳下车来……"

留给古城怀旧和惆怅的地标越来越少了，只有向邓云乡那样，用文字来记录往昔的模样。正如《天咫偶闻》作者震钧（1857—1920）说的那样："西城旧屋，日见其少，真如昌黎所谓：一过之再过之，则为墟者也。"

二〇二〇年三月五日

改变命运的考试

人生中总会有那么几次"一考定终身"的考试。我总结为"人生如大考,大考如人生"。

张爱玲说:"大考的早晨,那惨淡的心情大概只有军队作战前的黎明可以比拟,像《斯巴达克斯》里奴隶起义的叛军在晨雾中遥望罗马大军摆阵,所有的战争片中最恐怖的一幕,因为完全是等待。"(《小团圆》)

做学生时只经历过幼儿园升小学,小学升中学的考试。"幼升小"实际用不着什么考试,但是得有老师的一纸评语,我的评语是民国第一总理熊希龄的侄女熊秀琴老师给写的,也许可算作我人生的唯一殊荣。小学升中学,是人生的第一次"大考",我却考砸了,被分配到北京最差的一所中学。初中毕业那年,高考停止,上山下乡去了内蒙古农村。

刚刚下乡的那段时间,新鲜感尚未飘散,扎根农村一辈子的思想尚算牢靠。可是没过两年,一部分知青被招工,离开了艰苦的农村。这下子留在农村的知青,人心便涣散了、动摇了。说来我还是我们村第一个被选中招工的知青,经过体检和政审,被莫名其妙地刷下来,而我们知青户其他四个知青选上了。所谓"莫名其妙",我心里是门儿清的,自己家庭出身不如那几位知青。这次未经考试的大考,锻炼了我的承受力,以后的挫折还多着呢。

一九七五年夏天,还在农村苦熬岁月的我等来了另一次大考。当年的时代背景是,要通过文化考试招收一批知青上"工农兵大学",著名的张铁生"白卷事件"即是这个背景的产物。这一年还有个重大情况让人分心,有些知青通过"病退"离开农村把户口调回了北京,剩下的知青也打起了"病退"或"困退"的脑筋。我又想打"病退"的主意,又不想放弃近在眼前的"报考"。进退两难呀,而且这次考学不大看重家庭背景,很容易考上,考上可就回不了北京啦。远在青海的父亲不大了解情况,来信鼓动我"报名考学"。这年七月二十一日日记:"爸爸今天来信,让我只管去(考学),他并不十分了解内情。七八年了,就混个库伦师范,不像话,让人耻笑,真让人左右为难。不管怎样,何去何从,马上就要决定!"

几天后,七月三十日日记:"本来今天可以去报考,却阴雨连天了。下午接到公社电话让我去。三点半冒着大雨徒步三十里赶到公社。没有什么阵势,只写一篇批判'读书作官论''读书无用论'的作文便完事了。"写的时候,我忽然冒出了交白卷的念头,想诉苦称在农村干活拼死拼活哪有时间读书等等(当时并不知道那个交白卷的"英雄"张铁生)。

九月十四日:"中午王静学回来了,告诉我录取的是库伦师范,王与吴没录取。终于有了结局,库伦师范!库伦师范!一点也没超出意料之外,而且还是我一个人。心情极为矛盾,今天才理解矛盾的痛苦。我大概要抗拒不去。"

因为我考取而退学,几个月后当我申请"病退"之时,公社领导不给盖章,那位领导训我:"考上库伦师范你不去,要是吉林师范你就去了吧!"意即我看不起小县城。

这次退学最终因祸得福,一九七六年二月,我"病退"成功,户口调回了北京,从而见证了一年后载入史册的"恢复高考"。

回到北京之后几个月,我就被分配了工作。在农村时我们曾议论,只要能回北京给个扫大街的工作也干。真回了北京,就有了高低卑贱之分了。分配给我的工作是伺候人的工作,当初还是欣喜地上班了。我从事的这个行当,根本没有文化学习的氛围,所以一九七七年恢复高考的好消息,在单位一点儿积极的反响也没有。我虽然略有心动,却不敢表露,怕被扣上不安心本职工作的帽子。还有一个心思,自己的实力不够考正规大学的,初中毕业,中间又荒废了自学。

虽然没有胆量报考,但是心中"我要上大学"的火种一直没有熄灭。父亲在一次吃饭时甚至为五个孩子无一大学生而失态痛哭。

再过了几年,成家生娃,老婆孩子热炕头的生活磨平了锐气,如果没有正规大学之外"成人教育"的强劲东风,我会浑浑噩噩地混日子下去。成人教育形式灵活，大致有"电视大学"（电大）、"职工大学"（职大），以此类推还有"函大""夜大""业大"，俗称"五大"。促进我报考职大的另有原因，我的弟弟及几个同学此时已考入了职大。

一九八五年二月，我的"大考"计划启动。第一步"报考"就遇到了难题，单位领导说什么也不给我盖公章，原因我就不在这儿说了，反正不给盖。反正最后我报上名了，上学又不是参军。我当时暗下决心："只有考上了争口气！"

一边上班一边顾家一边复习功课，苦不堪言啊，幸亏年富力强，心中又憋着一口气，居然在短短几个月内将高中课程拿了下来，"函数"这门最头疼。"数学"用了一个月，"地理"和"历史"用一个月，"语文"和"政治"各半个月。

大考之日，四月二十一日"早上六点半起床，不用等闹铃叫人。自从六三年小学考初中以来，我还是第一次参加重大考试，心情紧张。八点多到了红塔商场对面的

——二中学,考场在四楼。八点三十分语文开考,时间不够用,作文仅剩下四十分钟。中午小睡片刻,再赴考场,拿到地理卷后就呆住了,考的题目和我温习的重点对不上。政治题目对我路,可能考得不错"。

又紧张地复习了一周,弟弟及时送来先于职大开考的电大试卷,至少挽救了我三十分。四月二十八日"今天考了数学和历史,弱项完成得不错,历史题也出到我手里。关键在六月一日看成绩了。要做好落榜的思想准备。一帆风顺从不是我的命。考完了,真轻松,可以看看闲书了"。

五月三十日:"阴沉沉的天。早上八点到月坛中学——这个决定我后半生的地方。分数榜也许早几天就公布了,我还傻等着呢。终于看到了那几个不同寻常的阿拉伯数字:48、68、61、51、53,总分281。回想起二十三年前的升中学考试我失败了,两年前的大雨中赴考不算数吧,而今录取分数线是280分,我以一分险胜!"

四年的职大学习,仍旧是一边上班一边顾家一边上学。四年中我没有休息过一天,因为我上学领导不批准,所以只能将休息日拆成两个半天去上课。四年后,我拿着毕业证书给领导看,半年后,领导升迁了我的岗位,他对我说:"当初不批准你报考,是因为知道你准能考上!"一纸文凭,几乎改变了我后来的人生道路,福兮,祸兮,难说得很。

二〇一九年九月十日

后记

关于本书文字部分序里已交代了,后记对我而言该交代书影图片是如何操作的。我写的书虽不足称道,但是却有一个与众不同的特色即书影插图必不可少,有一点儿像低幼读物的看图识字。这样的图文书我已经出过三十几本,经历过复印、照相机、反转片、打印机(扫描仪)和手机拍照等几个阶段,如今只用扫描仪和手机来制作图片。所谓图片即将自己收藏的旧书旧刊封面翻拍出来或扫描出来。这两种手段交替使用,如本书里的夏丏尊书联和"书窝一隅"几张只能用手机拍,扫描仪用不上。我喜欢用扫描仪,像素光线有保证,而且横平竖直有保证,我非常厌恶歪歪扭扭的图片,说是强迫症也罢,见到离了歪斜的图文书,避之唯恐不及。

本书所附插图多为扫描件，四边留的缝隙宽窄一致，恳请美编不要去掉背景，这样才能保留实物感。说实话一本书我花费在图片上的心思甚至多过文字经营。谢谢为本书操心费力的人们，我深知现在纸质书太难了。

二〇二二年三月十日晚